美麗中國
兒童地圖集

中國地圖出版社　著

中華教育

目 錄

世界地圖

北美洲

格陵蘭海

羅威海

北海

巴倫支海

喀拉海

拉普捷夫海

歐洲

亞洲

大西洋

直布羅陀海峽

地中海

黑海

里海

黃海

東海

紅海

非洲

阿拉伯海

孟加拉灣

南海

馬六甲海峽

印度洋

莫桑比克海峽

南極洲

北冰洋

西伯利亞海

波弗特海

巴芬灣

白令海峽

哈得孫灣

白令海

阿拉斯加灣

北 美 洲

大

墨西哥灣

西

加勒比海

太 平 洋

南 美 洲

洋

洲

麥哲倫海峽

德雷克海峽

別林斯高晉海

羅斯海

威德爾海

中國地圖

天山天池

新疆

塔克拉瑪干沙漠

帕米爾高原

莫高窟

嘉峪關

青海

格爾木胡楊林

年保玉則峰

岡仁波齊峰

西藏

都江

布達拉宮

三江並流　大

麗江古城

雲南

雅

孟　加　拉　灣

北極村

聖索菲亞教堂

黑龍江

吉林

淨月潭

高句麗王城及貴族墓葬

清東陵

遼寧

瀋陽故宮

元上都遺址

內蒙古

北京

承德避暑山莊

雲岡石窟

故宮

天津

渤海

清西陵

山西

成吉思汗陵

山東

五台山

河北

泰山

黃　海

平遙古城

陝西

殷墟

孔廟、孔林、孔府

寧夏

龍門石窟

河南

江蘇

甘肅

秦始皇陵及兵馬俑坑

天地之中

安徽

明孝陵

武當山

黃山

蘇州古典園林

重慶

明顯陵

湖北

黃龍

神農架

皖南古村落：
西遞、宏村

西湖

廬山

浙江

大足石刻

山大佛

貴州

三清山

東　海

梵淨山

武陵源

江西

武夷山

赤尾嶼

海龍屯土司遺址

湖南

福建

釣魚島

環江喀斯特

土樓

台灣

太

廣西

丹霞山

廣東

鼓浪嶼

台灣島

台中

台灣海峽

花山巖畫

開平碉樓與村落

澳門

香港

東沙群島

北部灣

大三巴牌坊

海南

海南島

平

河

路

7

北京

地方概述

北京是中國的首都，位於華北平原西北端，左環滄海，右擁太行，北枕居庸，南襟河濟，是聯結中國東北、西北和中原的樞紐。北京是人類發源地之一，北京猿人曾在此繁衍生息。北京是世界聞名的歷史文化名城，歷史上作為遼、金、元、明、清五朝國都。這裏名勝薈萃，有世界上現存規模最大的皇宮故宮、皇家園林頤和園、八達嶺長城等古蹟。京劇融南北戲劇之長，北京烤鴨、京味小吃聞名中外。

認識北京

簡稱：京	人口：1300 萬人
面積：約 1.7 萬平方公里	市樹：國槐
名片：祖國心臟、京華大地、首善之區	最高點：東靈山，2303 米

北京之最

世界上最大的四合院：恭王府

世界上最長的防禦城牆：萬里長城

世界上現存規模最大、保存最完整的宮殿建築群：故宮

世界上最大的城市中心廣場：天安門廣場

世界上最大的祭天建築群：天壇

世界上保存最完整的皇家園林：頤和園

世界上建園最早的皇家御園：北海

世界上保存完整、埋葬皇帝最多的墓葬群：明十三陵

世界上發現直立人化石、用火遺跡和原始文化遺存最豐富的古人類文化遺址：周口店北京猿人遺址

位於天安門廣場西側，是中國全國人民代表大會開會地，是全國人民代表大會常務委員會的辦公場所。

故宮

舊稱「紫禁城」，坐落在北京城中心，是明清兩代的皇宮，曾有 24 代皇帝居住在這裏。有大小宮殿 70 多座，房屋 9000 多間。故宮分外朝、內廷。外朝主體建築有太和殿、中和殿、保和殿，統稱「三大殿」，是帝王舉行典禮和接受群臣朝賀的地方。內廷主要有乾清宮、交泰殿、坤寧宮及御花園、東西六宮等，是帝王處理日常政務的地方，也是后妃的住所。

八達嶺長城

長城是古代軍事防禦工程，有 2000 多年的歷史，是人類建築史上的奇跡。八達嶺長城是明長城中保存最好的一段。高大堅固的長城在崇山峻嶺之間蜿蜒而過，雄偉壯觀。

吐水嘴　射口　垛口　礌石孔　城牆　箭窗　券門　敵樓　馬道　垛牆

吹糖人

以麥芽糖為原料，藝人先取一些糖稀在手上揉搓，然後用嘴一邊吹泡泡，一邊快速捏出各種人物、動物造型，深受孩子們喜愛，是中國民間傳統手工藝之一。

北京烤鴨

北京烤鴨馳名中外，用果木炭火烤製，色澤紅潤，肥而不膩，外脆里嫩。以全聚德為代表的掛爐烤鴨和以便宜坊為代表的燜爐烤鴨最負盛名。

北京中軸線示意圖

五環
奧林匹克森林公園

水立方　　鳥巢

四環

三環

德勝門　　安定門
　　　　　二環
鐘樓
鼓樓
西直門　　　　　　東直門

阜成門　　　　　　朝陽門

故宮

建國門
復興門　人民大會堂　　東便門

天安門廣場

西便門　宣武門　正陽門　崇文門
　　　　　　　　　　　廣渠門
廣安門

天壇

右安門　永定門　左安門

約 7.8 公里

北京中軸線

指北京自元大都、明清北京城以來，城市東西對稱佈局建築物的對稱軸，是世界城市建設歷史上最傑出的城市設計範例之一。所有皇室宮殿、壇廟、政府衙署和其他主要建築都依附着這條中軸線分佈。這些建築既是古都北京的象徵，又是中華文明的象徵。

北京中軸線以故宮為中心，南起永定門，北到鐘鼓樓，長約 7.8 公里。現在中軸線已向北延伸到奧林匹克森林公園。

中國的象徵，總面積達 44 萬平方米，可同時容納 100 萬人舉行盛大集會，是當今世界上最大的城市廣場。

明清兩代帝王祭天的地方，主要建築有祈年殿、皇穹宇、圜丘壇、齋宮等。

特色美食

烤鴨　　　豆汁和焦圈

驢打滾

北京小吃

北京小吃品種極多，爆肚、灌腸、炒肝、鹵煮火燒、驢打滾、麵茶、豆汁、焦圈、艾窩窩、豌豆黃等應有盡有，可以大飽口福。

細看地圖 北京

北京西郊一帶皇家行宮
漪園（今頤和園）、香山靜
暢春園。

知多點

❶ 圓明園

有「萬園之園」之稱。毀於第二次鴉片戰爭的戰火。

❷ 頤和園

頤和園是中國保存最完整的一座皇家行宮御苑，被譽為「皇家園林博物館」。

❸ 盧溝橋

始建於金代，橋長 266.5 米，欄杆上有 501 隻形態各異的獅子。1937 年 7 月 7 日，日本侵略者在此發動了「盧溝橋事變」。中國抗日軍隊在盧溝橋奮勇抗敵，打響了全面抗戰的第一槍。

❹ 明十三陵

世界上保存最完整、埋葬皇帝最多的墓葬群，埋葬着明朝 13 代皇帝。長陵是其中規模最大的一座。

❺ 周口店北京猿人

生活在距今約 70 萬年至 20 萬年，「北京人」能夠直立行走，懂得用火和吃熟食，並能製造和使用石器工具。

北京胡同

從元代建都時沿襲下來的街巷，星羅棋佈，佈局方正，「有名胡同三百六，無名胡同似牛毛」。隨着城市改造，許多胡同已經消失不見。

四合院

伴隨着北京胡同出現的傳統民居，格局是圍着庭院四面建房屋。有一進、二進、三進等樣式，院中植樹栽花、飼鳥養魚。

京劇

始於清代，在安徽徽劇和湖北漢調基礎上，融會了崑曲和秦腔等戲曲藝術的精華而逐漸形成，是中國戲劇藝術的傑出代表，作為中國國粹而享譽世界。

居　盧　玉　西　薊　金　瓊　太
庸　溝　泉　山　門　台　島　液
疊　曉　趵　晴　煙　夕　春　秋
翠　月　突　雪　樹　照　陰　風

萬，即：萬壽山清
靜明園、圓明園、

圓明園

頤和園
暢春園

懷柔板栗

懷柔區

延慶區

黑龍潭

古北水鎮

司馬台長城

龍慶峽

八達嶺野生動物世界

桃源仙谷

青龍峽

潮白河

密雲水庫

密雲區

八達嶺長城

鬼水湖

慕田峪長城

紅螺寺

雁棲湖

昌平區

白河

奧林匹克水上公園

順義區

丫髻山

京東大峽谷

平谷區

平谷桃

④ 明十三陵

八大處

① 圓明園

海淀區

永定河

糖葫蘆

② 頤和園

石景山區

水立方

朝陽區

烏巢

潭柘寺

北海公園

故宮

東城區

西城區

北京市

中央電視台

大運河（北京段）

京杭運河

豐台區

盧溝橋 ③

天安門

天壇

欢乐谷 HAPPY ALLEY

歡樂谷

通州區

石花洞

世界公園

吹糖人

北京猿人遺址 ⑤

房山區

南海子麋鹿苑

大興區

大興西瓜

御林古桑園

北京野生動物園

京劇劇目
《霸王別姬》

11

天津

認識天津

簡稱：津　　　　　　　　　　人口：996 萬人

面積：約 1.2 萬平方公里　　　市樹：絨毛白蠟

名片：渤海明珠、津沽大地、　最高點：八仙桌子，1052 米
　　　曲藝之鄉

天津位於華北平原東部，北依燕山，南臨渤海，是拱衛北京的要地和門戶。「天津」意為「天子經過的渡口」，自古為漕運要地，近代闢為通商口岸，設立九國租界。天津具有中西合璧、古今兼容的城市風貌，既有雕樑畫棟的古建築，又有新穎別緻的西洋建築，素有「萬國建築博覽苑」「近代百年看天津」之譽。天津相聲、楊柳青年畫、泥人張彩塑等藝術形式精彩紛呈，天津三絕——狗不理包子、耳朵眼炸糕、十八街麻花馳名中外。

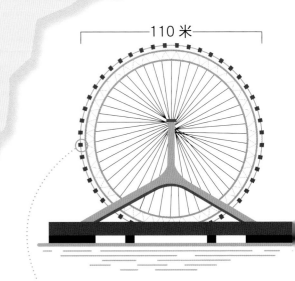

← 110 米 →

輪外裝掛 48 個 360 度透明座艙，每個座艙可乘坐 8 個人，可以同時供 384 個人觀光。

旋轉一周需要 28 分鐘

五大道

位於市區南部，東西向並列着以成都、重慶、常德、大理、睦南及馬場為名的街道，俗稱「五大道」。這裏匯聚着英、法、德、意等各國風格的建築，被稱為「萬國建築博覽苑」。五大道地區以姿態萬千的西式建築群、深幽寂靜的街市風格，以及眾多近代名人寓居之所而聞名中外。

天津之眼

天津之眼即天津永樂橋摩天輪，跨海河而建，是世界唯一建在橋上的摩天輪，乘坐摩天輪到達最高處時，海河兩岸及周邊景色一覽無餘。

天津三絕：耳朵眼炸糕

賣炸糕的老字號，因店舖最初開在耳朵眼胡同而得名。

天津三絕：狗不理包子

狗不理包子舖原名「德聚號」，狗不理包子的創始人高貴友小名叫「狗子」，因為包子舖客人總是絡繹不絕，店主無暇招呼客人而被人稱作「狗不理」。

中國四大木版年畫

楊柳青年畫　天津西青

桃花塢年畫　江蘇蘇州

楊家埠年畫　山東濰坊

朱仙鎮年畫　河南開封

天津四藝

　　泥人張彩塑、楊柳青年畫、天津風箏與天津地毯合稱「天津四藝」，是天津民間藝術珍品。

泥人張彩塑

　　創始人是清代的張明山，他捏出來的泥人活靈活現，色彩鮮麗，題材廣泛，深受百姓們的喜愛。經過代代相傳，不斷有佳作問世，或反映民間習俗，或取材於民間故事、戲劇作品等。

天津地毯

　　地毯編織在中國民間流傳較廣，天津地毯經過歷史的傳承，以做工精巧、圖案優美、配色和諧、富有彈性等特點而聞名。

楊柳青年畫

　　明清時期，楊柳青年畫繁盛時，「家家會點染，戶戶善丹青」。其色彩鮮豔、表現力強、畫面喜慶。內容多為「連年有餘」「五穀豐登」等祥瑞題材。

天津風箏

　　天津風箏已有百餘年歷史，以魏元泰的風箏為代表。風箏用高級真絲、純紙、上等毛竹為原料。以做工精細、造型逼真、飛行平穩、色彩豐富而著稱。

特色美食

天津三絕：十八街麻花

　　桂發祥麻花因店舖曾坐落大沽南路十八街處，而被稱為「十八街麻花」。十八街麻花配料豐富，選用精白麵粉，上等清油油炸製成，選料精細、工藝考究。

天津

知多點

❶ 黃崖關長城

黃崖關以險著稱，被譽為「薊北雄關」，是長城的著名關隘。

❷ 獨樂寺

中國僅存的三大遼代寺院之一，寺內「十一面觀音」是中國現存的最大泥塑佛像之一。

❸ 漢沽鹽場

始於清代，所產原鹽白潤透明、品質純正。參觀鹽場，可以目睹鹽山鹵海。

❹ 濱海航母主題公園

以「基輔」號航母為主體建造的大型軍事主題公園，可以登上航母體驗水兵的作戰及生活場景，還可以觀看航母作戰的模擬表演。

❺ 大沽口炮台

位於海河入海口，是中國近代史上重要的海防屏障，稱為「津門之屏」。第二次鴉片戰爭中，在大沽口炮台上演了一場可歌可泣的保衛戰。

❻ 天津相聲

以諷刺見長，火爆熱烈，富於幽默感，說逗俱佳，是扎根民間、源於生活、深受群眾歡迎的曲藝表演藝術形式。

❼ 盤山

京東第一山，林木茂盛，洞幽水秀，歷史上許多帝王將相、文人墨客都來過這裏，乾隆皇帝曾發出「早知有盤山，何必下江南」的感嘆。

❽ 引灤入津工程

中國大型供水工程，1983 年 9 月建成，引水線路全長 234 公里。將河北省境內的灤河水跨流域引入天津市，結束了天津市民喝鹹水的歷史。

❾ 天津古文化街

一條古色古香的商業步行街，全長近 700 米，有天后宮及眾多商鋪，經營泥人張彩塑、楊柳青年畫、風箏、文房四寶等傳統手工藝品。為「津門十景」之一。

❿ 靜園

天津租界時期庭院式私人宅邸的代表。末代皇帝溥儀攜皇后婉容、淑妃文繡曾在此居住。園內建築融西班牙式和日式風格於一體，草木蔥郁，靜謐宜人。

⓫ 霍元甲

生於天津靜海區，清末著名愛國武術家，擅長迷蹤拳，1910 年在上海創立精武體育會。

① 黄崖關長城
② 獨樂寺
③ 漢沽鹽場
④ 濱海航母主題公園
⑤ 大沽口炮台
⑥ 相聲
⑦ 盤山
⑧ 引灤入津工程紀念碑
⑨ 天津古文化街
⑩ 靜園
⑪ 霍元甲故居

十八溝紅果
盤山磨盤柿
薊州區
薊縣白梨
鼓樓
於橋水庫

大蔥
泥鰍
秦城遺址
辣椒
寶坻區
天津風箏
運河
蘿蔔
玉佛宮
潮白新河
寧河區
天尊閣
大黃堡鯉魚
大黃堡濕地
七里海
七里海河蟹
七里海濕地

西馬房打瓜
大蒜
京杭運河
武清區
京杭大運河
楊村小世界
北辰區
天津之眼
楊柳青年畫
平津戰役紀念館
紅橋區
南開區 河北區
大悲禪院 玄廟
和平區
河西區
天津市
河東區
楊柳青古鎮
五大道
⑨ 天津古文化街
狗不理包子
東麗區
濱海新區
古海岸與濕地
薊運河
⑤ 大沽口炮台

周恩來、鄧穎超故居
西青區
泥人張彩塑
津南區
寶成奇石園
塘沽海洋

靜海區
天津地毯
團泊窪水庫

京杭運河
北大港水庫
東方紅鯽鮒魚
楊家泊對蝦
耳朵眼炸糕
沙窩西瓜
天津國際郵輪

渤
海
灣

河北

地方概述

認識河北

簡稱：**冀**

面積：約 19 萬平方公里

名片：燕趙大地、畿輔之地

最高點：太行山主峰小五台山東台，2882 米

人口：7520 萬人

省花：太平花

省會：石家莊

　　河北東臨渤海，東南為華北大平原。全省環抱北京和天津，位於環渤海的中心地帶。因位於古代九州之一的冀州，故簡稱冀。春秋戰國時期，河北地屬燕國和趙國，故有「燕趙大地」之稱。涿州古城是劉備、張飛的故里，河北省也是藺相如、紀曉嵐、酈道元等著名歷史人物的故鄉。承德避暑山莊、北戴河、山海關等遊覽勝地令各地遊人流連忘返。

山海關

　　萬里長城東部的起點，是明長城東端的軍事要塞，為名將徐達主持修築。有「邊郡之咽喉，京師之保障」之稱。山海關呈四方形，城高 14 米、厚 7 米、周長 4 千多米，有城門 4 個。「天下第一關」城樓是山海關城的東門，又稱「鎮東樓」，造型雄壯威武。

明長城示意圖

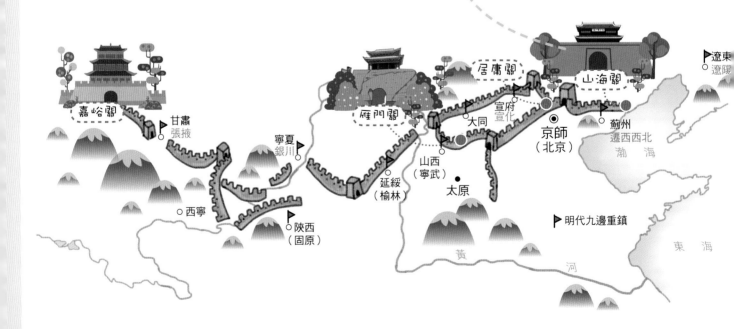

嘉峪關　　甘肅 張掖　　寧夏 銀川　　西寧　　陝西（固原）　　延綏（榆林）　　雁門關　　山西（寧武）　　太原　　大同　　宣府 宣化　　居庸關　　京師（北京）　　明代九邊重鎮　　黃 河　　山海關　　薊州 遷西西北 渤 海　　遼東 遼陽　　東 海

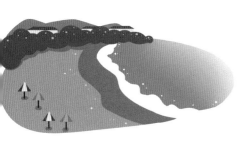

北戴河

北戴河位於秦皇島市的西南部，海岸線長約 15 公里。這裏沙軟潮平，水清風爽，是享譽海內外的旅遊避暑勝地。北戴河歷史悠久，自春秋戰國以來，歷代很多帝王都曾巡幸此地，還留下了《碣石門辭》《觀滄海》《春日觀海》等佳作。

觀滄海　東漢　曹操

東臨碣石，以觀滄海。
水何澹澹，山島竦峙。
樹木叢生，百草豐茂。
秋風蕭瑟，洪波湧起。
日月之行，若出其中。
星漢燦爛，若出其裏。
幸甚至哉，歌以詠志。

趙州橋

又名安濟橋，由隋朝李春主持修建，距今已有 1400 多年的歷史。橋體由花崗巖石塊組成，大橋的欄板和望柱上，雕刻着各式蛟龍、獸面、花飾等，其中尤以蛟龍最為精美。

世界上年代最久、保存最好、跨度最大的單孔石拱橋

避暑山莊

中國四大名園之一。原名「熱河行宮」，俗稱「承德離宮」，是清代皇帝夏日避暑和處理政務的場所。始建於康熙年間，距今已有 300 多年的歷史。避暑山莊取自然山水之本色，汲取了江南塞北之風光，成為中國現存佔地面積最大的古代帝王宮苑。

普樂寺

外八廟

承德避暑山莊東北部寺廟群的總稱。建築風格各異，原有 12 座寺廟，現存 7 座，分別為溥仁寺、普寧寺、安遠廟、普樂寺、普陀宗乘之廟、殊像寺和須彌福壽之廟。

普寧寺

河北

❶ 西柏坡

曾是中共中央和解放軍總部的所在地。毛澤東等中共領導人在這裏指揮了遼瀋、淮海、平津三大戰役，並召開了七屆二中全會和全國土地會議，是中共進入北平統一中國前的最後一個農村指揮所。

❷ 崇禮滑雪

崇禮位於河北省張家口，境內山巒起伏、森林茂密，有着天然優質的滑雪場，2022 年將承辦多項冬奧會雪上比賽項目。

❸ 太行五指山

位於太行山東麓，山勢巍峨險峻，植被鬱鬱蔥蔥，是消夏度假的好去處。

❹ 白洋淀

華北最大的內陸淡水湖，由 100 多個淀泊組成，平湖萬頃，碧波蕩漾，四季景色優美，物產豐富。

❺ 木蘭圍場

清代皇家狩獵場，位於河北省東北部，是康熙皇帝為鍛煉軍隊而開闢的。清初期，皇帝每年都要率王公大臣、八旗精兵來此射獵，史稱「木蘭秋獮」。

❻ 秦皇求仙入海處

公元前 215 年秦始皇東巡碣石——秦皇島，並在此拜海求仙，派人入海尋求長生不老藥。

❼ 清東陵

中國現存規模宏大、建築體系十分完整的皇室陵墓建築群。埋葬着清朝順治、康熙、乾隆、咸豐、同治五位皇帝。

❽ 清西陵

清朝兩大帝王陵寢之一。規模宏大，陵區內有 4 座帝陵，3 座后陵，3 座妃園寢，4 座王公、公主園寢。

❾ 藺相如

戰國時趙國上卿，著名政治家、外交家。生平最重要的事跡有「完璧歸趙」「澠池之會」與「負荊請罪」。

❿ 郭守敬

元代著名天文學家，曾負責修治元大都至通州的運河。制定《授時歷》，通行 350 多年。

⓫ 紀曉嵐

清代政治家、文學家，乾隆年間官員。曾任《四庫全書》總纂修官。

❶ 太行五指山

❺ 木蘭圍場

板栗

豐寧壩上草原　承德市

董存瑞烈士陵園

棒槌山

金山嶺長城　承德避暑山莊

崇禮滑雪場❷

張家口市

宣化清遠樓

山楂

秦皇島市

雞鳴驛

宣化葡萄

蔚縣剪紙

❼ 清東陵

杭震紀念碑

唐山市

評劇

鴿子窩公園

山海關

❻ 秦皇求仙入海處

北戴河海濱浴場

（屬廊坊市）

❽ 清西陵

保定市

東方大學城

廊坊市

華北油田

開灤煤礦

李大釗故居

渤

狼牙山

❹ 白洋淀

金絲棗

釣蟹

藺相如

坡百里峽

❾

石家莊市

渤海灣

玉米

❿ 紀曉嵐文化園

滄州市

鐵獅子

海

趙州橋

衡水市

小麥

吳橋雜技大世界

普利寺塔

邢台市

郭守敬紀念館

邯鄲市

太極拳

19

地方概述 山西

認識山西

簡稱：晉　　　　　　　　　　人口：3501 萬人

面積：約 16 萬平方公里　　　省花：榆樹梅

省會：太原

名片：三晉之地、表裏河山、煤炭之鄉、麵食之鄉

最高點：五台山主峰葉斗峰，3061.1 米

山西之最

世界上最大的銅像：關公銅像

世界上最古老的木塔：應縣木塔

世界上最大的黃色瀑布：壺口瀑布

世界上保存最完整的古城：平遙古城

山西東倚太行，西擁呂梁，黃河的支流汾河穿流其間，因地處太行山以西而得名。又因外河而內山，有「表裏河山」之稱。山西是世界上最早、最大的農業起源中心之一。又因礦產資源豐富，被譽為「煤炭之鄉」。山西物華天寶，人傑地靈，曾一度作為北方政治文化中心，相傳唐堯、虞舜、夏禹曾建都於此，是關羽、武則天、王維、柳宗元、司馬光等名人的故鄉。擁有雲岡石窟、晉祠、應縣木塔、懸空寺、平遙古城等名勝古蹟。山西特產、美食眾多，其中麵食文化博大精深，聞名中外。

小知識

春秋時期，山西大部分屬於晉國領地，山西簡稱由此而來。公元前 453 年，趙、魏、韓三家分晉，所以山西又稱「三晉」。

平遙古城

距今已有 2700 多年的歷史，是中國境內保存最完整的古代縣城。整個古城平面為烏龜形，取吉祥、長壽之意。平遙曾是「晉商」的發源地，古城西大街被譽為「大清金融第一街」。平遙古城牆、鎮國寺和雙林寺號稱「平遙三寶」。

晉商

明清 500 年間的山西商人，經營鹽業、票號等生意，尤其以票號最為出名。他們修建了許多深宅大院，如喬家大院、王家大院等。

山西老陳醋

山西人愛吃醋，人稱「醋老醯（xi）兒」。山西釀醋歷史悠久，製醋方法名目繁多。諸醋之中，太原清徐老陳醋可謂「醋中之王」。

五台山

由五座山峰環抱而成，因峰頂如台而得名。五台山是聞名中外的佛教聖地，是文殊菩薩的道場。其建寺歷史悠久、規模宏大，與四川峨眉山、安徽九華山、浙江普陀山並稱中國佛教四大名山，並居於首位，有「金五台」之稱。

雲岡石窟

位於山西大同，自北魏開始開鑿，東西綿延 1000 米，現存洞窟 45 個，有雕像 5 萬多尊，氣勢宏偉，雕刻精細。雲岡石窟是中國規模最宏大的石窟群，與敦煌莫高窟、洛陽龍門石窟、天水麥積山石窟並稱中國四大石窟藝術寶庫。

特色美食

刀削麵

貓耳朵

揪片

餎

撥爛子

拖葉兒

灌腸

莜麵栲栳

山西麵食

山西是「世界麵食之根」，也是中國麵食文化的發祥地。麵食文化有 2000 多年的歷史，品種繁多，風味獨特。

細看地圖 山西

○── 臨汾
○── 呂梁
●── 運城
○── 太原

關羽（160-220 年）

武則天（624-705 年）

王勃（650-676 年）

王維（701-761 年）

柳宗元（773-819 年）

司馬光（1019-1086 年）

羅貫中（1330-1400 年）

知多點

❶ 麪塑

俗稱「花饃」「麪羊」「羊羔饃」等，以上等白麪為原料，經過揉麪、造型、籠蒸、點色而成。造型生動，用色明快，是當地民俗節慶活動中必不可少的裝飾。

❷ 杏花村

杏花村在汾陽市西北。村中有一口古井，取水釀酒，馥郁芬芳，是汾酒和竹葉青酒的水源。

❸ 汾酒

歷史源遠流長，早在 1500 多年前的北魏時期就已聞名遐邇，以色、香、味三絕著稱。

❹ 壺口瀑布

黃河奔流經晉陝大峽谷時，兩岸石壁峭立，河口收束如壺口，陡然而降，形成落差達二三十米的瀑布，水流湍急，氣勢壯觀。是世界上最大的黃色瀑布，也是中國第二大瀑布。

❺ 關帝廟

關羽是三國時期蜀國大將，武藝高強，忠義英勇，被後人神化，尊為「關帝」。解州關帝廟是中國現存規模最大的宮殿式道教建築群和武廟。

❻ 應縣木塔

始建於遼代，是中國現存最古老、最高大的木塔。

❼ 綿山

又稱「介山」。山勢陡峭，多懸崖峭壁。晉國賢臣介子推隱居綿山，晉文公求而不得，放火焚山，介子推抱樹而死。寒食節就是為了紀念介子推。

❽ 娘子關

長城著名關隘，是古時候出入山西的咽喉。相傳唐代平陽公主曾統領娘子軍駐此設防，從而得名。

❾ 懸空寺

始建於北魏，現存 40 多間木結構殿宇樓閣。整個寺廟離地約 50 米，好像懸掛在懸崖絕壁上，是中國僅存的佛、道、儒三教合一的獨特寺廟。

❿ 恆山

五嶽之中的北嶽，是著名的道教聖地和旅遊勝地。東西綿延 200 多公里，主峰天峰嶺海拔 2016.1 米。以優美的自然景觀和宏大的建築而著稱，北嶽廟是恆山最宏偉的道觀。

中國五嶽

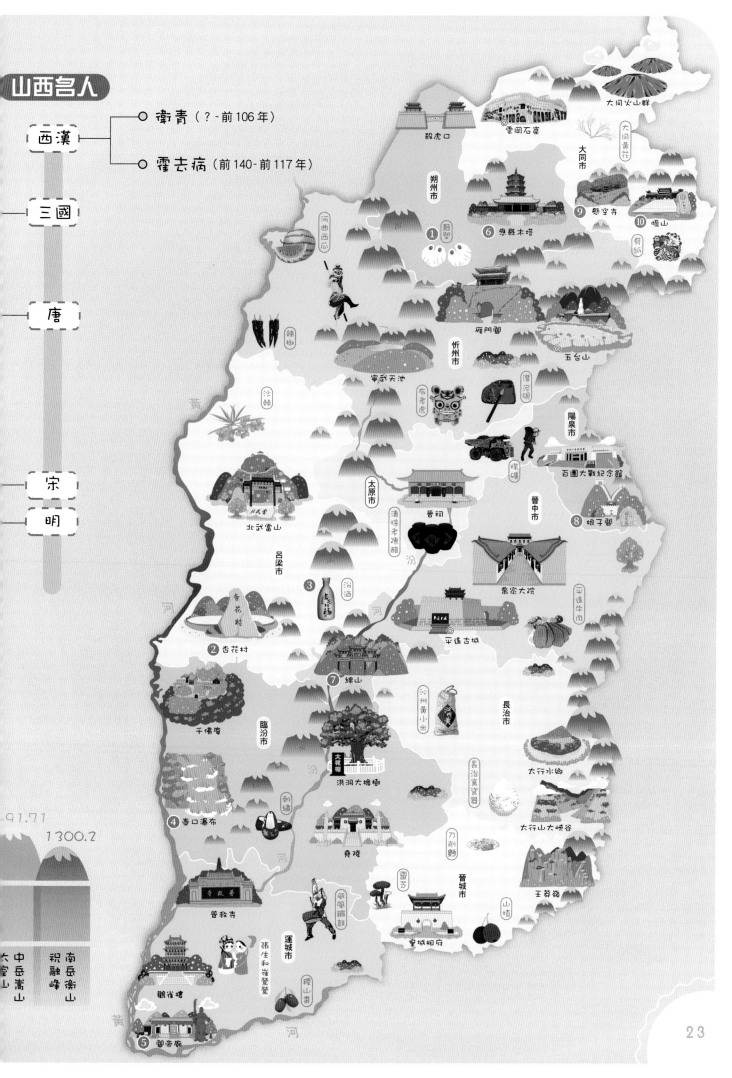

山西名人

西漢	○ 衛青（？-前106年）
	○ 霍去病（前140-前117年）
三國	
唐	
宋	
明	

殺虎口

大同火山群

雲岡石窟

大同黃花

大同市

朔州市

河曲西瓜

① 鵝御米

⑥ 應縣木塔

⑨ 懸空寺

⑩ 恆山

剪紙

辣椒

雁門關

忻州市

五台山

澄泥硯

陽泉市

寧武天池

布老虎

煤礦

百團大戰紀念館

沙棘

太原市

晉中市

⑧ 娘子關

北武當山

清徐老陳醋

晉祠

喬家大院

呂梁市

平遙牛肉

③ 汾酒

老白汾

平遙古城

② 杏花村

杏花村

⑦ 綿山

沁州黃小米

長治市

千佛庵

臨汾市

太行水鄉

大槐樹

洪洞大槐樹

刺繡

長治窯瓷器

太行山大峽谷

① 91.71

1300.2

④ 壺口瀑布

堯廟

刀削麵

晉城市

王莽嶺

普救寺

威風鑼鼓

山楂

皇城相府

運城市

張生和崔鶯鶯

稷山棗

大河山 中岳嵩山 祝融峰 南岳衡山

鸛雀樓

⑤ 關帝廟

黃 河

內蒙古

認識內蒙古

簡稱：蒙　　　　　　人口：2460 萬人

省會：呼和浩特　　　面積：約 118 萬平方公里

區花：馬蘭花、金老梅　名片：草原氈鄉、黃河明珠

最高點：敖包圪，3556 米

內蒙古之最

世界最大的稀土礦山：白雲鄂博稀土礦

中國最大的露天開採煤田：准格爾煤田

中國最大的原始林區：大興安嶺

中國最早的玉龍：赤峰紅山文化玉龍

世界最大的露天煤礦之鄉

中國最大的牧區

中國草原面積第一

中國人均耕地面積第一

中國綿羊毛、山羊絨和駝毛產量第一

內蒙古自治區位於中國北部邊疆，是中國跨經度、緯度最多的省區。大部分地區地勢平緩，草原遍佈，是中國五大草原牧區之首。美麗的呼倫湖和貝爾湖是草原上的兩顆明珠。內蒙古地區是中華古老文明的發祥地之一，這裏很早就有遠古人類生活，歷史上眾多的遊牧民族創造出獨具特色的草原文明。蒙古族人民熱情好客，那達慕大會氣氛熱烈，烤全羊、手把肉等特色美食深受全國遊客喜愛。

蒙古族

蒙古族世居草原，以畜牧為生計，有自己的語言和文字。民族服飾別具特色，佩戴首飾，穿長袍、靴子等。白節、那達慕大會是蒙古族人民的傳統節慶活動。

蒙古包

蒙古族牧民居住的一種房子，可以隨着牧民四處遷移。構造簡單，搭建、拆卸方便，防風吹日曬雨淋，具有冬暖夏涼的功能。

煙囱

天窗

神盒

門

地毯

蒙古六大草原

呼倫貝爾草原

科爾沁草原

錫林郭勒草原

烏蘭察布草原

鄂爾多斯草原

阿拉善草原

內蒙古大草原上的動物

內蒙古大草原幅員遼闊，尤其是呼倫貝爾和錫林郭勒的草甸草原，一望無際，鮮碧如畫，駿馬奔馳，羊群浩蕩，是天然大牧場。內蒙古草原上常見的動物有三河馬、三河牛、三河羊、白山羊、蒙古野驢、蒙古馬等。

三河馬

體態結實、勻稱，肌肉發達，胸廓深廣，背腰平直，四肢強健，耐寒，適應性強。

白山羊

所產羊絨光澤好，潔白、柔軟、細膩，被譽為「軟黃金」。

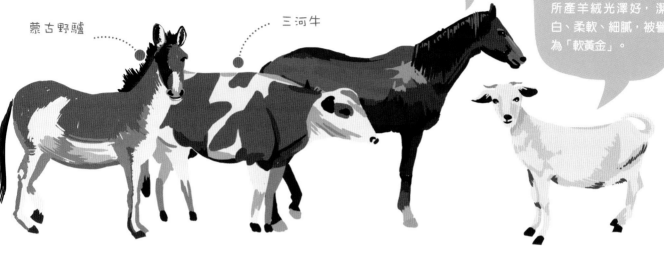

蒙古野驢　　　三河牛

胡楊林

生長在沙漠裏的唯一喬木樹種，十分珍貴。它具有驚人的抗乾旱、禦風沙、耐鹽鹼能力，能頑強地生存於沙漠之中。胡楊有「生而一千年不死，死而一千年不倒，倒而一千年不朽」的説法，被譽為「沙漠英雄樹」。

馬頭琴

蒙古族特有的一種弦樂器。有兩根弦，琴身呈梯形，琴柄頂端雕刻馬頭做裝飾。音色柔和渾厚，宛轉悠揚。

特色美食

蒙古美食

蒙古族的傳統飲食大致有四類，即麵食、肉食、奶食、茶食。日食三餐，每餐都離不開奶與肉。烤全羊、涮羊肉、牛肉乾、奶茶、馬奶酒等美食風味獨特。

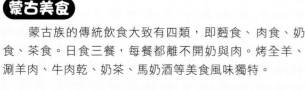

內蒙古

蒙古活動

那達慕大會

「那達慕」有「娛〔樂〕、「遊戲」的意思。那達〔慕〕每年的 7 至 8 月間舉行〔是蒙古〕族的傳統節日。在盛會〔上，有〕驚險刺激的摔跤、賽馬〔等比〕賽外，還有歌舞、下蒙〔古棋、〕賽駱駝、馬術等娛樂活〔動。〕

知多點

❶ 成吉思汗陵

成吉思汗的衣冠冢。鐵木真尊號「成吉思汗」，1206 年建立大蒙古國，此後率領蒙古鐵騎多次發動對外徵戰，去世之後被尊為元太祖。

❷ 敖包

敖包是蒙古語，意思是「堆子」，多用石頭或砂土堆成。最初作為道路和境界的標誌，後來逐漸開始僅用於祭祀，人們通過祭敖包祈求豐收、幸福、平安。

❸ 響沙灣

以草原中的沙漠景觀和奇妙的響沙為特色，沙山呈月牙形分佈，從頂部往下滑，沙子會發出轟鳴聲。在這裏可以騎駱駝、玩滑翔傘。

❹ 阿爾山

阿爾山是中國著名的火山群，地下蘊藏着豐富的冷泉、熱泉，是著名的礦泉療養地。

❺ 元上都遺址

曾是元朝的首都，始建於 1256 年，是蒙元文化的發祥地。元世祖忽必烈在此登基建立了元朝。

❻ 大召寺

呼和浩特最早、最大的黃教寺院，供有一尊 2.55 米高的銀製釋迦牟尼像，還有 600 多年前木版印製的經藏。銀佛、龍雕、壁畫是「大召三絕」。

❼ 呼倫貝爾草原

位於大興安嶺以西，因呼倫湖、貝爾湖而得名。這裏草原遼闊，河流縱橫，湖泊星羅棋佈，是世界著名的天然牧場，有「牧草王國」之稱。

❽ 呼倫湖

中國東北地區第一大湖，面積 2000 多平方公里，平均水深為 5.7 米。湖面寬廣遼闊，湖水澄淨清澈，是鳥類和魚類理想的棲息地。

❾ 喀喇沁親王府

始建於 1679 年，先後有 12 代喀喇沁王居住於此。堂前多種植草木，府內展出眾多的文物及清式傢具。

❿ 紅山文化玉龍

新石器時代玉器，1971 年出土於內蒙古赤峰市翁牛特旗三星他拉村紅山文化遺址，現收藏於中國國家博物館。玉龍由一塊碧玉料雕琢而成，通高 26 釐米，龍體捲曲優美，呈「C」字形。

摔跤

蒙古式摔跤有着獨特的服裝和規則。摔跤手穿的皮坎肩上有鑲包，便於對方抓緊。採用淘汰制，一跤定勝負。

賽馬

蒙古族愛馬，賽馬也是男女老幼喜愛的活動之一。蒙古族賽馬的方式一般有奔馬、走馬。奔馬賽也稱「速度賽馬」，是長距離的速度比賽。走馬賽則側重考驗馬走平穩對側步的速度。

射箭

射箭比賽是那達慕最早的競技項目之一，分為近射、遠射、騎射三種。比賽的規則是三輪九箭，以中靶箭數的多少定前三名。

勒勒車

蒙古式牛車，為草原牧民使用的傳統交通運輸工具。多以樺木為材料製成。車輪大車身小，結構簡單、輕便，適於草地、雪地、沼澤、沙漠地帶行駛。以牛、馬或駱駝牽拉。

蒙古長調

蒙古族民歌，特點是字少腔長，旋律悠長舒緩、意境開闊。歌詞一般為上、下各兩句，內容以描寫草原景色為主，如牛羊駿馬、藍天白雲、江河湖泊等。

敕勒歌　南北朝

敕勒川，陰山下。
天似穹廬，籠蓋四野。
天蒼蒼，野茫茫。
風吹草低見牛羊。

遼寧

認識遼寧

簡稱：遼
省會：瀋陽
省花：天女花
最高點：花脖山，1336.1 米

人口：4245 萬人
面積：約 15 萬平方公里
名片：遼瀋大地、滿清發祥地

遼寧之最

中國最大的城市廣場：星海廣場

中國硼、鐵、金剛石儲量第一

中國最大的柞蠶產區

遼寧位於東北地區南部，南臨渤海、黃海。東與朝鮮一江之隔，與日本、韓國隔海相望。遼寧是東北地區唯一的既沿海又沿邊的省份，交通便利，資源豐富，是中國現代工業崛起的搖籃，重要的老工業基地之一，以及重要的糧食產區。作為滿族的發祥地之一，有瀋陽故宮、盛京三陵等名勝古蹟。擁有壯麗的山海景觀，迷人的海岸風光。東北二人轉、東北秧歌、滿族飲食具有獨特的民俗風情。

盛京三陵

指清福陵、昭陵和永陵，是開創基業的清朝先祖的陵墓，也稱「東北三陵」。

瀋陽故宮

清代初期的皇宮，是中國現存僅次於北京故宮的最完整的宮殿建築群。共有建築 90 餘所，房屋 300 多間，融合了漢、滿、蒙古各民族建築的特點。殿宇巍然聳立，雕樑畫棟，富麗堂皇。

清昭陵

坐落於瀋陽市區北部，又稱「北陵」，是清太宗皇太極和孝端文皇后的陵墓。 昭陵是清代關外皇陵中規模最大而且保存最完整的一座。

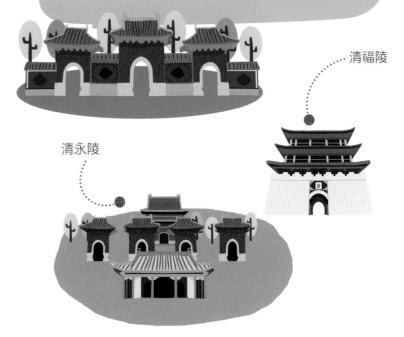

清福陵

清永陵

大連海濱

位於遼東半島南端的大連海濱，集山、海、島、灘於一體，是著名的療養、旅遊和避暑勝地。綿延東西的濱海路貫穿景區，沿途分佈着星海公園、棒棰島、老虎灘、聖亞海洋公園等景區。

星海公園

聖亞海洋公園

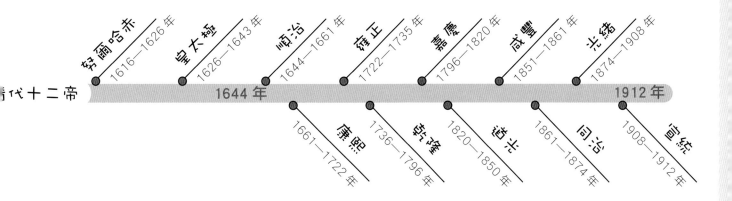

清代十二帝

努爾哈赤 1616—1626 年
皇太極 1626—1643 年
順治 1644—1661 年
雍正 1722—1735 年
嘉慶 1796—1820 年
咸豐 1851—1861 年
光緒 1874—1908 年

1644 年

1912 年

康熙 1661—1722 年
乾隆 1736—1796 年
道光 1820—1850 年
同治 1861—1874 年
宣統 1908—1912 年

滿族

歷史影響顯赫、人數眾多的中國少數民族之一，主要生活在中國東北地區，遼寧省是滿族的重要聚居區之一。滿族人勤勞、勇敢、智慧，能歌善舞，喜愛運動。

服飾

以寬襟大袖的袍褂為主，靴帽極富特色。滿族男子多穿帶馬蹄袖的袍褂，腰束衣帶，腳穿靴，戴涼帽、皮帽。滿族女子多身穿旗袍，梳旗頭，戴扇形頭飾，腳穿馬蹄底鞋。

滿族八大碗

滿族特有的菜餚，一般用於節慶、婚嫁宴請，以大碟、大碗盛裝，葷素搭配，老少咸宜。

努爾哈赤

後金開國君主，清朝奠基人。他歷經多年南征北戰，統一女真各部。1616 年，在赫圖阿拉稱汗，建立後金。後遷都瀋陽。清朝建立後，努爾哈赤被尊為清太祖。

遼寧

八旗

　　清代的軍隊組織利
又編制制度。以旗為號
分正黃、正白、正紅、正
鑲黃、鑲白、鑲紅、鑲
八旗。滿族、漢族、蒙
族同屬一旗，旗色亦相同
只有從軍、入仕待遇略
不同。八旗人的後代稱
旗子弟」，又稱「旗人」

知多點

❶ 東北二人轉

　　俗稱「蹦蹦」，東北地區喜聞樂見的民間藝術形式，出現於清朝，產生於田間地頭，語言通俗易懂，幽默風趣，充滿生活氣息。

❷ 柞蠶絲

　　中國特有的天然紡織原料，遼寧特產。用柞蠶絲織成的絲綢具有珠寶光澤、滑爽舒適。

❸ 五女山山城

　　高句麗的早期王城，位於本溪市桓仁縣的五女山上，始建於公元前34年，由山腰的外城和山頂的內城組成。

❹ 鴨綠江大橋

　　鴨綠江發源於長白山南麓，全長795公里，其幹流為中朝兩國天然國界。鴨綠江大橋是連接中華人民共和國和朝鮮民主主義人民共和國的橋樑。

❺ 遼陽白塔

　　因塔身、塔檐的磚瓦上塗抹白灰，俗稱白塔。塔高71米，八角十三層密檐式結構，是東北地區最高的磚塔，已有800多年的歷史。

❻ 赫圖阿拉城

　　努爾哈赤建國稱汗的地方，也是後金的第一個都城。全城依山而建，三面環水，易守難攻。

❼ 鳥化石國家地質公園

　　世界級古生物化石寶庫，擁有世界上最早的鳥類化石群，發現了最早的鳥類「中華龍鳥」和開花的植物化石「遼寧古果」。

牛河梁紅

遼寧朝陽鳥化石國

❼ 鳥化石國家地質

海

八旗旗幟

正黃旗　正白旗　正紅旗　正藍旗　鑲黃旗

鑲白旗　鑲紅旗　鑲藍旗

吉林

認識吉林

簡稱：吉　　　　　　　　人口：2702 萬人

省會：長春　　　　　　　面積：約 19 萬平方公里

省花：君子蘭

名片：黑土地之鄉、白山黑水、人參之鄉、北國江城

最高點：長白山主峰白雲峰，2691 米

吉林之最

亞洲第一大人工林海：淨月潭

中國最大的火山湖：長白山天池

　　吉林是中國農業大省，素稱「黑土地之鄉」，又是新中國汽車、電影工業的搖籃。因清初在松花江畔建吉林烏拉城而得名，是朝鮮族、滿族等少數民族的主要聚居地之一。境內擁有「關東第一山」長白山，世界文化遺產高句麗王城、王陵及貴族墓葬，以及淨月潭、松花湖、長影世紀城等風景名勝。向海保護區的珍禽丹頂鶴和吉林的特產人參、鹿茸聞名中外。

吉林霧凇

　　主要分佈於吉林的松花江畔。冬季，不凍的江水中升騰起濃霧，遇到寒冷的空氣，便會在樹上凝結為霜花，氣象學稱之為「霧凇」，俗稱「樹掛」。隆冬時節，北國大地千里冰封，萬里雪飄，樹木銀裝素裹，十分壯觀。

長白山

　　位於中國與朝鮮交界處，是一座年輕的休眠火山。主峰白雲峰終年白雪皚皚，有「千年積雪萬年松，直上人間第一峰」的美譽。一望無際的原始森林、波光粼粼的天池、一瀉千里的長白瀑布、星羅棋佈的溫泉群、幽深險峻的大峽谷等景觀美不勝收。

天池

中國最大的火山湖，四周環立十多座山峰，沉靜清澈的湖水像一塊碧玉鑲嵌在群山之中。9 月下旬是觀賞天池的最佳時節。

偽滿皇宮

　　清朝末代皇帝愛新覺羅・溥儀在日本人的控制下擔任偽滿洲國皇帝時居住的宮殿，是日本帝國主義侵略中國東北、炮製傀儡政府的歷史見證。

整個建築群是中國古典式與歐式、日式結合的樓房。現已改建成偽滿皇宮博物院。

偽滿「八大部」
位於長春，是偽滿洲國八大機構的統稱。

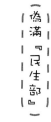

偽滿「治安部」　偽滿「司法部」　偽滿「經濟部」　偽滿「交通部」　偽滿「興農部」　偽滿「文教部」　偽滿「外交部」　偽滿「民生部」

朝鮮族

　　延邊朝鮮族自治州是中國朝鮮族的主要聚居地。朝鮮族能歌善舞，無論年節喜慶，還是家庭聚會，男女老幼都會在長鼓、伽倻琴等樂器的伴奏下載歌載舞。傳統曲目有《阿里郎》《桔梗謠》等。朝鮮族喜愛跳板、盪鞦韆、摔跤等活動。

朝鮮族美食
朝鮮族的傳統風味食品很多，其中最有名的是甜糯的打糕、清涼鮮美的冷麵和酸辣可口的泡菜。

朝鮮族跳板

弄樂舞

朝鮮冷麵

吉林

知多點

❶ 乾安泥林

又稱「狼牙壩」，面積約為 58 平方公里。數以萬計的泥柱如林，疊巒起伏，形如鋸齒狼牙，奇峰林立，氣勢磅薄。壩溝內溪水潺潺，山泉清澈，湧流不斷。幾萬年前這裏生存着大批猛獁象披毛犀動物群。

❷ 葉赫那拉城

葉赫在滿語中的意思是「河邊的太陽」，是滿族的重要發祥地之一。以富有女真族特色的古城堡建築聞名。

❸ 東北三寶

指人參、貂皮、鹿茸角，主要產於長白山區，曾經名滿天下，現今隨着人們環保意識的不斷增強，已不提倡捕獵紫貂和梅花鹿。

❹ 淨月潭

有「亞洲第一大人工林海」之稱，其核心為始建於滿洲國時期的淨月潭水庫，後逐漸進行人工造林和公園化建設，經過幾十年的持續植樹造林，封山育林，在淨月潭周圍形成一百餘平方公里的浩瀚人工林海。

❺ 查干湖冬捕

在查干湖一帶生活的人們，保留着冬季捕魚的習俗。早在遼金時期，查干湖冬捕就享有盛名。

❻ 長春汽車工業

長春有「汽車城」之稱，1956 年，中國第一輛汽車在長春問世。1958 年，中國第一輛轎車在長春研發成功。

❼ 烏拉古城

滿族主要發祥地之一，早在新石器時代，滿族人的祖先肅慎人就生活在這裏。「烏拉」在滿語中的意思是「沿江」，有「先有烏拉，後有吉林」之說。清順治皇帝定都北京後，尊烏拉為「本朝發祥之聖地」。烏拉街的建築和民俗具有濃郁的滿族特色。

❽ 農安遼塔

遼代古塔，八角十三層，高約 40 米。古塔所在的農安縣曾是金代黃龍府所在地，抗金名將岳飛所說的「直抵黃龍府」就是指這裏。

❾ 松花湖

是攔截松花江水，建設豐滿水電站形成的人工湖，也是吉林省最大的湖泊。松花湖水域遼闊，湖汊繁多，狀如蛟龍。風光綺麗，水曠、山幽、林秀。

高句麗王城

位於吉林省集安市，是高句麗王朝的遺跡，包括國內城、丸都山城、王陵及貴族墓葬。高句麗曾是中國東北地區影響較大的少數民族政權之一，存在了 700 多年。

將軍墳

高句麗第 20 代王長壽王的陵墓，墓室外觀呈截尖方錐形，有「東方金字塔」之稱。

好太王碑

整塊巖石雕刻而成，記錄了高句麗起源、建立的傳說，以及第 19 代王好太王一生的功績。

丸都山城

複合式防禦性都城，環山為屏，與國內城相互依附，互為都城。

高句麗壁畫

主要分佈在洞溝古墓群中，內容豐富，色彩鮮豔，線條流暢。

黑龍江

黑龍江位於中國東北部，因境內最大的河流黑龍江而得名。這裏土地肥沃，是世界著名的三大黑土帶之一。境內生態資源豐富，有林海廣袤的大、小興安嶺，富饒的三江平原，以及扎龍自然保護區、五大連池、鏡泊湖等景區。東北虎、丹頂鶴、梅花鹿等珍貴的動物在這裏繁衍生息。黑龍江省以冰雪旅遊著稱，千里冰封、萬里雪飄的北國風光吸引着八方遊客。冰城哈爾濱的亞布力滑雪場、雪雕冰燈節，牡丹江的「中國雪鄉」，鄂倫春族、赫哲族等民族的濃郁風情，讓人流連忘返。

認識黑龍江

簡稱：黑	人口：3811 萬人
省會：哈爾濱	面積：約 46 萬平方公里
省花：丁香、玫瑰	名片：天下糧倉、林海雪原
最高點：大禿頂子，1690 米	

黑龍江之最

世界最大的冰雪樂園：哈爾濱冰雪大世界

世界最大的東北虎飼養和繁育基地：東北虎林園

世界最長的界江：黑龍江中俄段

亞洲最大的界湖：興凱湖

中國最大的林區：大興安嶺

中國最大的油田：大慶油田

中國面積最大的平原沼澤濕地：三江平原

中國最大的高山堰塞湖：鏡泊湖

中國最大的火山地貌景觀：五大連池

中國最早見到日出的地方：烏蘇鎮

中國最早發現並出土恐龍化石的地方：嘉蔭

中國人口最少的少數民族：赫哲族

中國最大的商品糧生產基地

鏡泊湖

中國最大、世界第二大堰塞湖。這裏湖光山色，風景秀麗，有火山又地下原始森林、地下熔巖隧道等地質奇觀，以及唐代渤海國遺址等歷史人文景觀。

堰塞湖
由火山爆發、地震活動等原因引發熔巖、山崩，使河谷堵塞，慢慢儲水而形成的湖泊。

扎龍自然保護區

　　面積約 2100 平方公里，湖澤密佈，葦草叢生，是丹頂鶴、白枕鶴等多種珍稀水禽棲息繁衍的天然樂園，被稱為「鳥的天堂」「鶴的故鄉」。

丹頂鶴

國家一級保護動物，頸、腳較長，通體大多白色，頭頂鮮紅色，喉和頸黑色，耳至頭枕白色腳黑色，姿態優美。

東北虎

　　現存體重最大的肉食性貓科動物，雄性體長可達 2.8 米左右，最大體重達到 350 千克以上。體色呈黃色，帶有黑色條紋，前額上的黑色橫紋像「王」字，所以東北虎有「叢林之王」的美稱。位於長白山支脈老爺嶺南部的東北虎自然保護區是東北虎的重要恢復區。

中國雪鄉

　　位於牡丹江市的雙峰林場，這裏降雪期長，積雪期長達 7 個月，積雪厚度可達 2 米。錯落有致、形態各異的雪屋，深達 1 米多的雪道，彷彿冰雪童話世界。

黑龍江

④ 北極村

知多點

❶ 五大連池

五大連池由五個串珠狀的湖泊組成，是中國最大的火山風景名勝區。周圍分佈着 14 座火山和一望無垠的火山熔巖台地，擁有世界上保存最完整、種類最齊全、形態最典型的新老期火山地質地貌，被稱為「火山博物館」。

❷ 大慶油田

中國最大的油田，創造了引領中國工業近半個世紀的輝煌，至今仍延續着「愛國、創業、求實、奉獻」的大慶精神，流傳着「鐵人」王進喜的故事。

❸ 亞布力滑雪場

中國最大的綜合性雪上訓練中心，積雪厚達 1 米，雪質優良，同時也是中國南極考察訓練基地。

❹ 北極村

中國最北的村莊，位於大興安嶺北麓。每年的夏至時節，在這裏可以觀賞到北極光和極晝現象。

❺ 聖索菲亞教堂

20 世紀遠東地區最大的東正教教堂，通高 53.25 米，佔地面積 721 平方米，是中國保存最完整的拜占庭式建築。

❻ 嘉蔭恐龍

1902 年，發掘出土的恐龍化石組裝成一具高 4.5 米、長 8 米的完整恐龍化石骨架，被稱為「神州第一龍」。

❼ 興凱湖

由火山爆發地殼下陷形成，沙灘平坦細軟，湖水純淨，有「北方綠寶石」的美譽。

❽ 哈爾濱國際冰雪節

世界四大冰雪節之一，從每年 1 月 5 日開始，持續一個月的時間。有冰球、滑雪、冬泳，以及雪雕、冰雕、冰燈等冰雪項目。

❾ 鄂倫春族

「鄂倫春」，漢語的意思是「打鹿人」，鄂倫春族生活在大興安嶺山林，在衣食住行及歌舞等方面具有濃郁的狩獵民族特點。

❿ 赫哲族

生活在黑龍江東北部的三江流域，是中國北方現存唯一的漁獵民族，因獨特的魚文化，被稱為「魚皮部落」。

齊齊哈爾市

江橋抗戰紀念館

⓫ 楊子榮

解放戰爭中著名的偵查英雄，是小說《林海雪原》、現代京劇《智取威虎山》的原型，他智勇雙全的形象深入人心。

闖關東

中國歷史上最大的移民運動之一，從清朝到民國的三百多年間，華北地區的農民移民到東北地區，在人煙稀少、地域開闊、資源豐富的黑龍江等地定居。民謠「棒打狍子瓢舀魚，野雞飛進飯鍋裏」形容了三江流域的富庶。

⑨ 鄂倫春族

人參

馴鹿

中俄民族風情園

璦琿古城

黑河市

茅蘭溝

東北一鍋燉

江

嘉蔭恐龍 ⑥

興安嶺森林號子

葦場丹頂鶴

江

黑龍

① 五大連池

蜂蜜

伊春市

黑龍江三峽

鶴崗市

烏蘇里江

撫遠口岸

奧里米古城

三江口 ⑩

雙鴨山市

札龍丹頂鶴

三聖宮

朝鮮族

大慶市館

林楓故居

綏化市

依蘭巴蘭河漂流

街津口

佳木斯市

翠峰閣

北大荒

珍寶島革命烈士陵園

虎頭要塞

七台河市

雞西市

松江

華花湖

中央大街

哈爾濱啤酒

八女投江紀念群雕

⑦ 興凱湖

興凱湖

⑤ 聖索菲亞教堂

哈爾濱市

③ 亞布力滑雪場

牡丹江

⑧ 哈爾濱國際冰雪節

哈爾濱紅腸

⑪

響水大米

楊子榮烈士陵園

雪鄉

牡丹江市

老爺嶺東北虎

鏡泊湖

地方概述 上海

認識上海

簡稱：滬、申　　　　人口：1440 萬人

市花：白玉蘭　　　　面積：約 0.634 萬平方公里

名片：東方明珠、海派文化中心、時尚之都

最高點：大金山，103 米

上海之最

世界最大的沙島：崇明島

世界最大的隧橋：上海長江大橋

世界陸上速度最高的運輸工具：磁懸浮列車

上海位於長江入海口，瀕臨東海，是世界著名的金融中心、貿易港口。這裏歷史悠久，人文薈萃，見證了中國近代歷史的風雲變幻，是中國共產黨的誕生地。有徐光啟、黃道婆、孫中山、宋慶齡、魯迅等名人的故居或紀念地。作為海派文化的中心，上海話、老洋房、弄堂、石庫門、旗袍，是上海風情的代表性符號。遊外灘，可以觀賞黃浦江以及兩岸的古今建築；逛豫園、南京路，可以品嘗上海的風味小吃，感受上海的獨特味道。

上海之巔—— 上海中心大廈

上海是世界上擁有高層建築較多的城市之一。上海最高的建築是上海中心大廈。這座摩天大樓高 632 米，在上面可俯瞰上海全景。

東方明珠電視塔

約 468 米

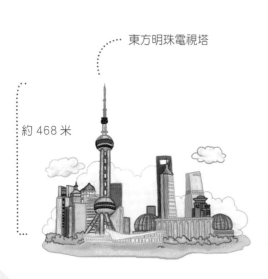

世界十大高樓

828 米

迪拜－哈利法塔

上海－上海中心大廈

豫園

豫園是上海老城廂內僅存的明代園林，有「奇秀甲於東南」之稱。園內的玉玲瓏是「江南三大名石」之一。

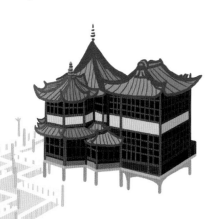

外灘

東臨黃浦江，全長約 1.5 公里。矗立着各式風格迥異的中外建築，被稱為「萬國建築博物館」。乘坐觀光輪渡，可以欣賞外灘美麗的景色。

上海世博園

2010 年，第 41 屆世界博覽會在上海舉辦，這是世博會首次在發展中國家召開。上海世博園內有「一軸四館」等標誌性建築，其中包括「東方之冠」中國館。

上海世博會中國館和吉祥物海寶

弄堂

上海人對小巷的稱呼，由連排的老房子構成。

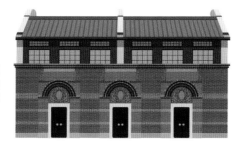

石庫門

上海的特色民居，用石頭做門框，烏漆實心厚木做門扇。多為磚木結構的二層樓房，坡形屋頂帶有老虎窗，紅磚外牆，弄口有中國傳統式牌樓。

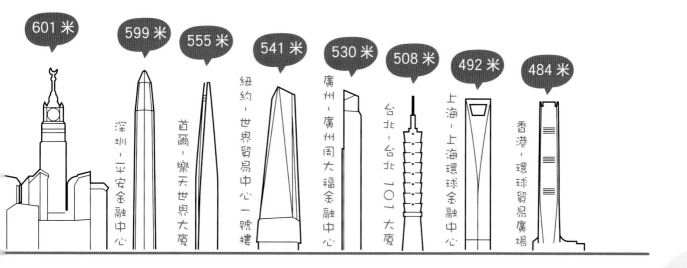

601 米　深圳－平安金融中心

599 米　首爾－樂天世界大廈

555 米　紐約－世界貿易中心一號樓

541 米　廣州－廣州周大福金融中心

530 米　台北－台北 101 大廈

508 米　上海－上海環球金融中心

492 米　香港－環球貿易廣場

484 米

上海

知多點

❶ 朱家角古鎮

江南水鄉古鎮,有「上海威尼斯」之稱。古鎮中的老街深巷、小橋流水、烏篷船,充滿了水鄉風情。

❷ 澱山湖

俗稱「甜水湖」,上海最大的天然淡水湖泊,上海的母親河——黃浦江的源頭。

❸ 上海大觀園

大型仿古園林建築群,再現了中國古典名著《紅樓夢》中描繪的大觀園盛景。

❹ 淞滬戰役

抗日戰爭中,中國軍隊抗擊日本侵略軍的第一場大型會戰,規模大、戰鬥非常慘烈。

❺ 崇明島

地處長江口,是世界上最大的河口沖積島,也是中國第三大島。

❻ 上海迪士尼樂園

中國內地第一個迪士尼主題公園,有精彩的演出、刺激的動感遊戲,絢爛的煙火晚會 ……

黃道婆

生於上海的元代棉紡織家,因傳授先進的紡織技術,推廣織布機,使當時的上海成為全國棉紡織中心。

徐光啟

明代著名科學家、政治家,上海縣法華匯(今上海市)人,著有中國古代農業百科全書《農政全書》。

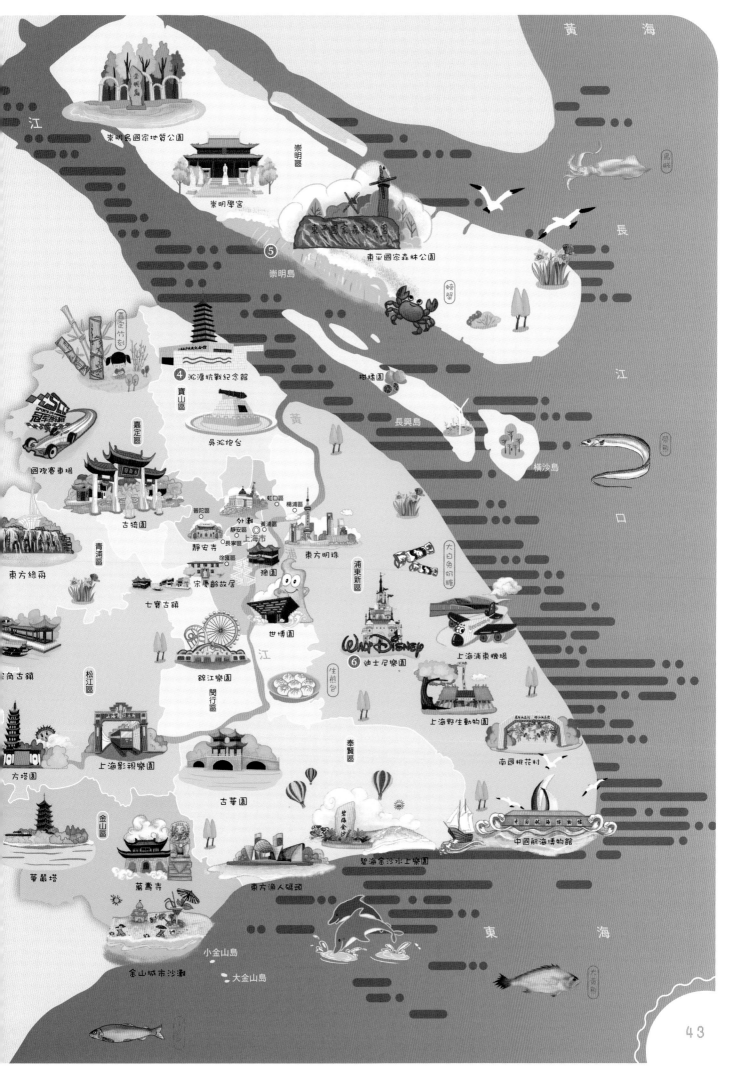

黃　海

江

崇明島國家地質公園

崇明學宮

崇明區

東平國家森林公園

⑤

崇明島

東平國家森林公園

長

江

口

嘉定竹刻

④ 淞滬抗戰紀念館

寶山區

吳淞炮台

橘橘園

螃蟹

長興島

國際賽車場

嘉定區

古猗園

橫沙島

青浦區

普陀區

虹口區
楊浦區
外灘
靜安區 黃浦區
長寧區
上海市

東方綠舟

靜安寺

徐匯區

東方明珠

浦東新區

大白兔奶糖

七寶古鎮

宋慶齡故居

豫園

迪士尼樂園

Walt Disney

⑥ 迪士尼樂園

上海浦東機場

世博園

朱角古鎮

錦江樂園

閔行區

生煎包

松江區

上海影視樂園

奉賢區

上海野生動物園

方塔園

金山區

古華園

南匯桃花村

中國航海博物館

華嚴塔

萬壽寺

碧海金沙水上樂園

中國航海博物館

小金山島

金山城市沙灘

大金山島

東方漁人碼頭

東　海

地方概述 江蘇

認識江蘇

簡稱：蘇　　　　　　　人口：1440 萬人

省會：南京　　　　　　面積：約 10 萬平方公里

省花：茉莉花

名片：三吳大地、吳韻漢風、水鄉澤國、魚米之鄉

最高點：雲台山玉女峰，624.4 米

江蘇地處美麗富饒的長江三角洲，湖泊遍佈，土地肥沃，物產豐饒，有「魚米之鄉」的美譽。擁有江淮、金陵、吳、中原四大文化，是中國古代文明的發祥地之一，自然景觀與人文景觀相互交融，「吳韻漢風，各擅所長」，有太湖、瘦西湖、蘇州古典園林、明孝陵、京杭大運河、海上絲綢之路等風景名勝。蘇州刺繡、南京雲錦、揚州玉雕、宜興陶瓷等傳統工藝享譽中外。

麋鹿

麋鹿屬於鹿科，頭臉像馬、角像鹿、頸像駱駝、尾像驢，因此又叫「四不像」，是世界珍稀動物。性和群，善游泳，喜以嫩草和水生植物為食。

秦淮河

長江的支流，南京的母親河。有「六朝金粉」和「十里秦淮」之稱。東晉以來，這裏歌舞昇平，文人墨客迷醉流連，文采風流傳於後世。秦淮夜市非常有名。

泊秦淮　唐代　杜牧

煙籠寒水月籠沙，
夜泊秦淮近酒家。
商女不知亡國恨，
隔江猶唱後庭花。

崑曲

中國古老的戲曲聲腔、劇種之一，發源於蘇州崑山一帶，在明朝中葉至清代中葉影響最大。很多劇種都是在崑曲的基礎上發展起來的，因此崑曲有「百戲之祖，百戲之師」之譽。代表作品有《牡丹亭》《長生殿》等。

良辰美景奈何天，賞心樂事誰家院！
——崑曲《牡丹亭》唱詞

崑曲的特點

- 以鼓、板、曲笛、三弦等為伴奏樂器
- 表演集歌唱、舞蹈、道白、動作為一體
- 角色行當分生、旦、淨、末、丑等
- 劇目豐富，劇本文辭典雅華美，唱腔圓潤柔美、悠揚徐緩

蘇州園林

蘇州園林是中國古典園林的代表，有「江南園林甲天下，蘇州園林甲江南」的說法。蘇州地理環境獨特，是歷代貴族、官宦、富商修建私家園林的好地方。在有限的空間里，巧妙地佈置亭台樓閣、假山池塘、樹木花草，景致韻味無窮。著名的園林有滄浪亭、獅子林、拙政園、留園等。

江南四大名園
滄浪亭
獅子林
拙政園
留園

宋代園林的代表，林木森郁、環境清幽。

元代園林的代表。以湖石奇特、洞壑盤旋聞名。

明代園林的代表，是蘇州最大的古典園林，中部是精華所在，栽種了許多荷花，具有江南水鄉的特色。

清代園林的代表，具有山水、田園、山林、庭園四種不同景色。

滄浪亭

獅子林

拙政園

留園

網師園

耦園

退思園

藝圃

環秀山莊

江蘇

知多點

❶ 瘦西湖

在揚州市西郊，因湖面秀麗似杭州西湖，但較之瘦長而得名。兼有北方園林的雄渾和江南園林的秀美，著名的景點有五亭橋、二十四橋等。

❷ 鍾山

位於南京東北郊，因山頂常有紫雲縈繞，又稱「紫金山」。鍾山氣勢雄偉，名勝古蹟薈萃，有明孝陵、中山陵等。山頂有著名的紫金山天文台。

❸ 夫子廟

位於秦淮河北岸，是供奉祭祀孔子的場所，中國四大文廟之一，始建於宋朝，現在是南京最為繁華的地方。

❹ 花果山

位於雲台山中麓，花果山以古典名著《西遊記》中描繪的「孫大聖故里」而聞名於世。這裏林木蔥郁，山峰含黛，堪比人間仙境。

❺ 周莊

江南水鄉古鎮，有「中國第一水鄉」之譽，保存着近百座古色古香的明清宅院和十幾座各具特色的古橋，具有「小橋流水人家」的江南水鄉風貌。

❻ 太湖

位於長江三角洲南緣，中國五大淡水湖之一。以優美的湖光山色和燦爛的人文景觀著稱。太湖之濱的黿頭渚是觀賞太湖風光的最佳地點。

❼ 明孝陵

明太祖朱元璋與其皇后的合葬陵墓。中國現存規模最大的帝王陵寢之一。

❽ 中山陵

民主革命先驅孫中山先生的陵墓。傍山而築，有三百多級台階。陵園氣勢宏偉，莊嚴肅穆。

❾ 周恩來故居

周恩來誕生和童年生活的地方。周恩來是中國共產黨、中華人民共和國和中國人民解放軍的主要締造者和領導人之一。

❿ 南京大屠殺紀念館

全稱「侵華日軍南京大屠殺遇難同胞紀念館」，建立在南京大屠殺江東門集體屠殺場地及「萬人坑」遺址之上。

⓫ 寒山寺

又稱楓橋寺。始建於南朝，相傳因唐代高僧寒山來此住持，而更名為寒山寺。

⓬ 鄭板橋

清代書畫家，「揚州八怪之一。其詩、書、畫稱「三絕長畫竹子、蘭花、石頭等。畫竹子的成就最為突出。

⓭ 蘇繡

與粵繡、湘繡、蜀繡並稱「四大名繡」。以圖案秀麗、潔、針法多變而聞名中外。

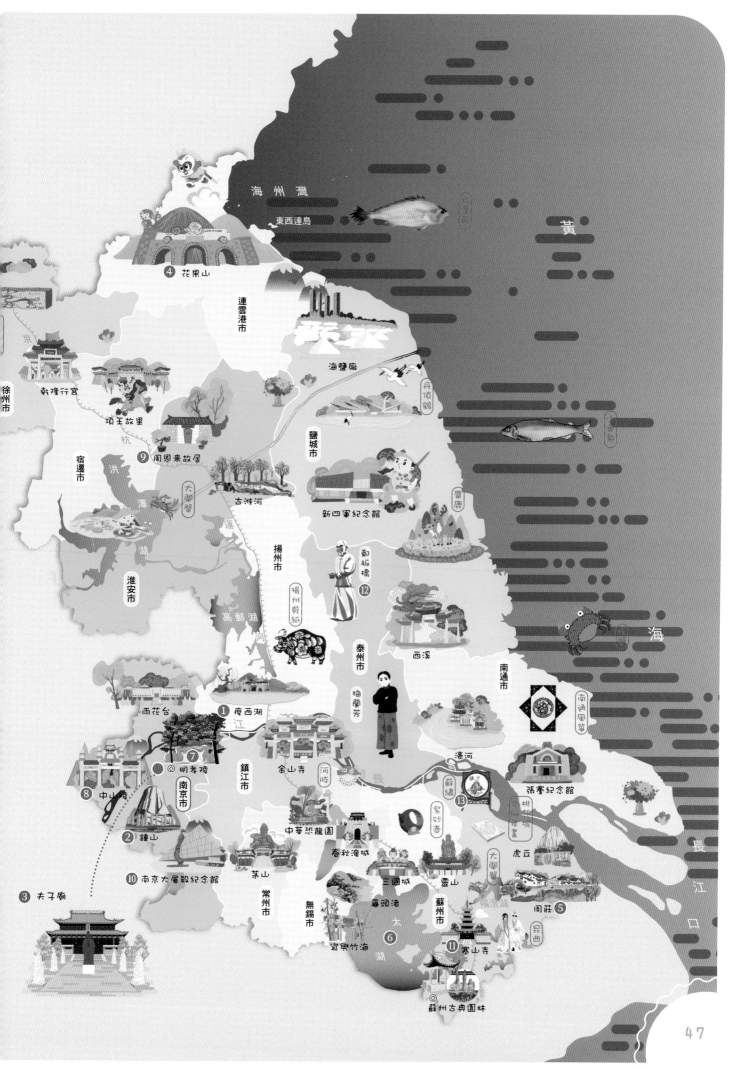

海 州 灣

東西連島

黃

④ 花果山

連雲港市

海鹽廠

丹頂鶴

徐州市

乾隆行宮

項王故里

杭

⑨ 周恩来故居

鹽城市

新四軍紀念館

麋鹿

海

宿遷市

洪

澤

湖

大閘蟹

古淮河

運

淮安市

揚州市

高郵湖

揚州剪紙

河

鄭板橋 ⑫

西溪

南通市

南通風箏

泰州市

梅蘭芳

螃蟹

雨花台

① 瘦西湖

江

⑦ 明孝陵

鎮江市

金山寺

河豚

長

濠河

蘇繡

南通

張謇紀念館

⑧ 中山陵

南京市

② 鍾山

中華恐龍園

紫砂壺

桃花塢

楊柳青

長

江

口

⑩ 南京大屠殺紀念館

茅山

春秋淹城

三國城

靈山

虎丘

大閘蟹

周莊 ⑤

③ 夫子廟

常州市

無錫市

黿頭渚

蘇州市

陽澄湖

昆曲

太

湖

宜興竹海

⑥

⑪ 寒山寺

蘇州古典園林

地方概述 浙江

認識浙江

簡稱：浙　　　　　　　　人口：4798 萬人

省會：杭州　　　　　　　面積：約 10 萬平方公里

省花：蘭花

名片：絲綢之府、魚米之鄉、文物之邦

最高點：黃茅尖，1921 米

浙江之最

中國最長的運河：京杭大運河

中國最大的群島：舟山群島

中國最大的人工湖泊：千島湖

浙江地處東海之濱，氣候溫和，四季分明。因境內有浙江（錢塘江別稱）而得名。這裏山靈水秀，物產豐富，是著名的「魚米之鄉」「絲綢之府」。還是駱賓王、陸游、王陽明、黃宗羲、魯迅等歷史名人的故鄉。水光瀲灩的西湖、雄渾壯闊的錢塘潮、碧波蕩漾的千島湖、峰奇巖秀的雁蕩山、海天佛國普陀山等風景名勝聞名遐邇。古老的越劇享譽全國。

越劇

中國五大戲曲劇種之一，發源於浙江嵊州，是江南地區的主要戲種。越劇擅長表現豐富細膩的思想感情，揭示人物的內心活動。唱腔清麗委婉、優美動聽，表演虛實相間、真切動人。題材多以「才子佳人」為主。

中國五大戲曲戲種

- 京劇
- 越劇
- 黃梅戲
- 評劇
- 豫劇

雁蕩山

位於溫州市和台州市境內，素有「東南第一山」之譽。以奇峰怪石、古洞石室、飛瀑流泉稱勝。沈括、徐霞客等歷代文人墨客都在這裏留下了詩篇和墨跡。

西湖龍井

屬綠茶，中國十大名茶之一。茶葉色澤嫩綠光潤，香氣鮮嫩清高，滋味鮮爽甘醇。

紹興黃酒

中國特有的酒種，歷史十分悠久，酒呈琥珀色，味道芳香馥郁，而且越陳越香，聲譽斐然。

京杭大運河

世界上里程最長、工程最大的運河，與長城、坎兒井並稱中國古代三項偉大工程。大運河開掘於春秋時期，完成於隋朝，繁榮於唐宋，取直於元代，疏通於明清。南來北往的船隻將南方的糧食、絲綢、茶葉、陶瓷等運往北方，將北方的松木、皮貨等運往南方。這條南北大動脈促進了南北經濟、文化發展與交流。

西湖

位於杭州城西，三面環山。西湖湖光山色，處處有勝景，正所謂「欲把西湖比西子，濃妝淡抹總相宜」。著名的民間故事《白蛇傳》就是以西湖為背景。

西湖十景

京杭大運河示意圖

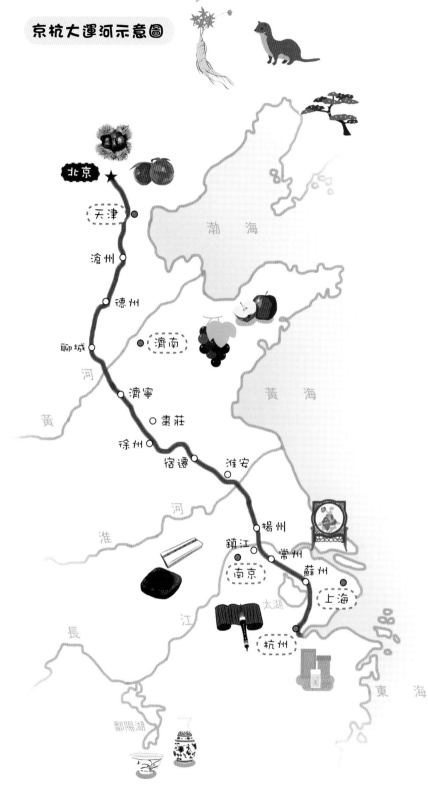

特色美食

金華火腿

浙江金華特色風味食品，外形俏麗，肉色鮮豔，味道獨特，便於貯存和攜帶，暢銷國內外。

浙江

　　原名周樹人，浙江紹興人，名文學家、思想家，五四新文動的重要參與者，中國現代文奠基人之一。代表作有《狂人日《吶喊》《彷徨》《朝花夕拾》草園到三味書屋》等。

知多點

❶ 富春江

　　富春江流貫桐廬、富陽，兩岸山色青翠秀麗，江水清碧見底，素以水色佳美著稱。元代大畫家黃公望居於此地，創作了傳世名作《富春山居圖》。

❷ 千島湖

　　為建新安江水電站攔蓄新安江下游而成的人工湖。湖呈樹枝型，湖中分佈 1000 多座島嶼，形態各異，羅列有致，湖光山色，美不勝收。

❸ 錢塘潮

　　古時已有「錢江秋濤」的説法，海寧鹽官是觀錢塘潮的第一勝地。每年農曆八月十八，錢塘江湧潮最為壯觀，有「滔天濁浪排空來，翻江倒海山可推」之勢。

❹ 天台山

　　素以「佛宗道源、山水神秀」享譽海內外。這裏群峰競秀，飛瀑流泉，以低山雲海與天台佛光稱絕。是中國佛教天台宗和道教南宗的發祥地，也是活佛濟公的故里。

❺ 烏鎮

　　歷史文化名鎮，小橋流水、石板巷、老宅都保留着江南水鄉古鎮的風貌。

❻ 嘉興南湖

　　嘉興南湖素以「輕煙拂渚，微風欲來」的迷人景色著稱，還因中國共產黨第一次全國代表大會在此閉幕而備受矚目，是中國共產黨誕生地，成為重要的革命紀念地。

❼ 普陀山

　　普陀山四面環海，風光旖旎，為中國佛教四大名山之一。普陀山是觀音菩薩的道場，素有「海天佛國」「南海聖境」的美譽。

❽ 舟山漁場

　　中國最大的近海漁場，漁業資源豐富，盛產大黃魚、小黃魚、帶魚和墨魚等水產品，被稱為「東海魚庫」。

❾ 蘭亭

　　因東晉書法家王羲之與友人在此飲酒賦詩，創作書法名篇《蘭亭集序》而聞名於世。

❿ 杭州絲綢

　　杭州素有「絲綢之府」之稱，所產絲綢質地輕軟，品種繁多，質量上乘，色彩綺麗，織工也非常精細。

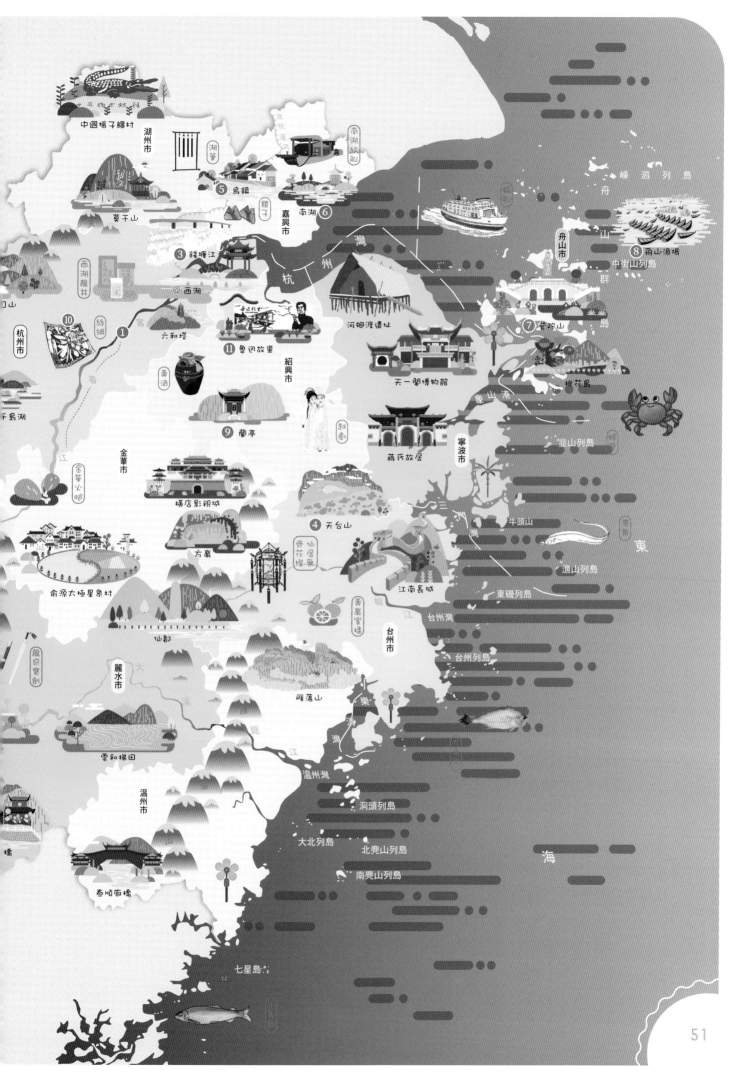

中國揚子鱷村

湖州市

京杭運河

南湖紅船

湖筆

⑤ 烏鎮

嘉興市

粽子

③ 錢塘江

南湖 ⑥

莫干山

杭州灣

嵊泗列島

舟

山

舟山市

⑧ 兩山漁場

中街山列島

群

西湖龍井

⑩

絲綢

①

西湖

六和塔

⑪ 魯迅故里

河姆渡遺址

島

⑦ 普陀山

杭州市

黃酒

紹興市

天一閣博物館

桃花島

千島湖

江

⑨ 蘭亭

越劇

象山港

寧波市

韭山列島

金華市

蔣氏故居

三

門

牛頭山

橫店影視城

仙居花燈

灣

東

方巖

④ 天台山

漁山列島

俞源太極星象村

江南長城

東磯列島

仙都

黃巖蜜橘

台州灣

龍泉寶劍

麗水市

台州市

台州列島

雁蕩山

樂清灣

雲和梯田

甌

江

溫州市

溫州灣

洞頭列島

海

大北列島

北麂山列島

南麂山列島

泰順廊橋

七星島

地方概述 安徽

認識安徽

簡稱：皖　　　　　　　人口：6905 萬人

省會：合肥　　　　　　面積：約 14 萬平方公里

省花：黃山杜鵑

名片：中國戲曲之鄉、三國故地、江淮大地

最高點：黃山主峰蓮花峰 1864.8 米

最大的湖：巢湖，面積約 770 平方公里，以出產銀魚著名

安徽位於華東腹地，地跨長江、淮河中下游。這裏是歷史上的風雲之地，中國歷史上第一次農民起義——陳勝、吳廣起義在此發動，楚王項羽在垓下陷入四面楚歌，上演了霸王別姬的傳奇。安徽還是老子、莊子、曹操、華佗、包拯、朱元璋等傑出人物的故鄉，孕育了新安理學、桐城派文學和著名的徽州文化。安徽山川錦繡多姿，有聞名天下的黃山、九華山、天柱山、琅琊山等。揚子鱷、白鰭豚等珍稀野生動物棲居於此。唱腔優美、曲調動人的黃梅戲風靡大江南北。可以說「物華天寶，人傑地靈」是對安徽的真實寫照。

> 登黃山天下無山，
> 觀止矣！
>
> ——明代旅行家、地理學家
> 徐霞客

黃山

世界文化與自然遺產，奇松、怪石、雲海、日出是黃山「四絕」。集名山之長，有泰山之雄偉、華山之險峻、衡山之煙雲、廬山之飛瀑、雁蕩山之巧石，被譽為「天下第一奇山」，素有「五嶽歸來不看山，黃山歸來不看嶽」的說法。有天都峰、蓮花峰、光明頂、一線天、飛來石、迎客松等勝景。

安徽大事件

前 202 年

垓下之戰

西楚霸王項羽被漢高祖劉邦圍困垓下，兵少糧絕，四面楚歌，最終自刎烏江。

383 年

淝水之戰

著名的以少勝多的戰役。前秦出兵伐晉，於淝水（今安徽省壽縣）交戰，最終東晉大勝，導致前秦衰敗滅亡。

揚子鱷

中國特有的珍貴動物，是世界上最小的鱷魚品種之一。生活在長江流域，在江湖和水塘邊掘穴而棲。其性情兇猛，是唯一具有冬眠習性的鱷類，有「活化石」之稱，瀕臨滅絕。

白鱀豚

中國特有的淡水鯨類，僅產於長江中下游。其體態嬌美、皮膚滑膩、長吻似劍、身呈紡錘形，對超聲波的回聲定位能力超越潛艇。現存數量極少，是瀕危動物之一，被譽為「水中的大熊貓」。

文房四寶

筆、墨、紙、硯，是古代文人書房中必備的書畫工具，產自安徽的宣筆、徽墨、宣紙、歙硯是文房四寶中的上品。

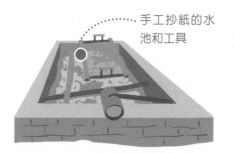

手工抄紙的水池和工具

中國四大名硯
端硯　廣東肇慶
歙硯　安徽黃山
澄泥硯　河南三門峽
洮河石硯　甘肅臨洮

宣筆
產於安徽涇縣，具有「尖、圓、齊、健」的特點，有紫毫、狼毫、羊毫等品種。

宣筆

徽墨
產於古徽州。以松煙、桐油煙、漆煙、膠為原料製成，黑潤馨香、久不褪色，是傳統製墨技藝中的珍品。

徽墨

宣紙
產於安徽涇縣。以青檀樹皮和稻草為原料製成，潔白光韌、潤墨性強、易保存、不褪色，有「紙壽千年」之譽。

宣紙

歙硯
產於安徽歙縣、婺源一帶，以龍尾山的石質最佳。中國四大名硯之一，質地細潤，研磨無聲，發墨如油。

歙硯

1948 年 11 月—1949 年 1 月

淮海戰役

解放戰爭時期中國人民解放軍對國民黨軍進行的戰略性進攻戰役。使長江中下游以北的廣大地區獲得解放，為渡江戰役奠定基礎。

1949 年 4 月

渡江戰役

解放戰爭時期中國人民解放軍南渡長江，對國民黨軍進行的戰略性進攻戰役。為解放軍解放南方各省創造了有利條件。

安徽

知多點

❶ 大別山

長江和淮河的分水嶺，山南山北的氣候環境截然不同，植物差異也很大。大別山區是中國著名革命老區之一。

❷ 黃梅戲

安徽的地方大戲。原名黃梅調、採茶戲等。用安慶方言歌唱和念白，唱腔淳樸流暢，以明快抒情見長，具有豐富的表現力。經典劇目有《天仙配》《女駙馬》等。

❸ 醉翁亭

因北宋文學家歐陽修命名並撰《醉翁亭記》一文而聞名遐邇。亭子小巧獨特，具有江南亭台特色。

❹ 中國南北地理分界線

橫貫中國東西的秦嶺－淮河一線，被視為中國南北地理分界線。此線南北的自然條件、地理風貌等都有着明顯的不同。習慣上稱此線以南為南方，此線以北為北方。

❺ 九華山

中國四大佛教名山之一，地藏菩薩的道場。因有九座山峰形似蓮花而得名，風景秀美，古剎林立。

❻ 皖南古村落：西遞、宏村

西遞和宏村以世外桃源般的田園風光、保存完好的古村落形態而聞名天下。

❼ 華佗

東漢末醫學家。世界上最早發明麻醉劑「麻沸散」，並最早應用於全身麻醉的醫學家，被譽為「外科聖手」。《三國演義》中描寫了華佗為關羽刮骨療毒的故事。

❽ 包拯

北宋名臣。他不畏權貴，鐵面無私，敢於替百姓申冤，故有「包青天」及「包公」之名。

徽州文化

中國三大地域文化之一，極具地方特色，內涵豐富。新安理學、徽州樸學、新安畫派、徽州篆刻、徽劇、徽商等皆為其傑出代表。

梨樹王
梨樹王

屬淮北市

符離集燒雞

靈璧石

⑦ 華佗

柳孜運河遺址

淮海戰役總前委舊址

淮北市

垓下遺址

宿州市

亳州市

蚌埠市

垓下古戰場

太和文廟

古井貢酒

口子酒

陶器、編鐘

雙墩一號墓

鳳陽釀豆腐

④

懷遠石榴

淮河

文峰塔

淮南豆腐

滁州市

滁州貢菊

八里河

八公山

明皇陵

③ 醉翁亭

琅琊山

壽縣古城

淮南市

琅琊山

六安瓜片

安豐塘

⑧

安徽省博物院

劉禹錫紀念館

陋室銘
唐代　劉禹錫

山不在高，有仙則名。
水不在深，有龍則靈。
斯是陋室，惟吾德馨。

六安市

包公祠

渡江戰役紀念塔

馬鞍山市

① 大別山

皖西大裂谷

巢湖

合肥市

採石磯

長

江

蘭畫

蕪湖市

桐城文廟

白鱀豚

銅陵市

敬亭山

揚子鱷

天柱山

馬仁奇峰

皖南事變舊址

雲片糕

黃梅戲

安慶市

池州市

宣城市

宣紙

儺戲

⑤ 九華山

宣筆

蓮藕

②

徽墨

牯牛降

⑥ 皖南古村落
　—西遞、宏村

黃山市

歙硯

南溪古寨

三潭枇杷

齊雲山

55

地方概述 福建

認識福建

簡稱：閩　　　　　　　　人口：3579 萬人
省會：福州　　　　　　　面積：約 12 萬平方公里
省花：水仙
名片：東南山國、八閩大地
最高點：武夷山脈主峰黃崗峰，2160.8 米

福建之最

中國擁有海岸線最長的省份
中國森林覆蓋率第一

福建地處中國東南沿海，依山傍海，與台灣島隔海相望。境內群山連綿，峰巒疊翠，島嶼星羅棋佈，有「東南山國」之稱。「奇秀甲東南」的武夷山坐落於此。這裏是華南虎、金錢豹、中華白海豚等珍稀動物的家園。盛產菠蘿、龍眼、荔枝等鮮美水果，武夷巖茶更是聞名天下。福建人文薈萃，是鄭成功、林則徐、嚴復等名人的故鄉，也是客家人聚居之地。

鼓浪嶼

一座四面環海的橢圓形小島。因島上有一中空巨石，被海浪拍打，聲如擂鼓而得名。島上氣候宜人，四季如春，一片鳥語花香，有「海上花園」的美稱。在面積僅 1.8 平方公里的島上，密佈着日光巖、菽莊花園、皓月園、鄭成功紀念館等景點。這裏空氣清新、環境幽靜，眾多別墅和使館舊址充滿了異域風情。

武夷山

武夷山以丹霞地貌著稱於世，奇峰雲海與九曲溪流構成一幅「碧水丹山」的天然畫卷。武夷山為三教（道教、佛教、儒教）名山，現存許多宮觀、寺院建築。這裏還擁有豐富的生物資源，穿山甲、獼猴等珍稀動物棲息在這裏。

鄭成功

明末清初軍事家，民族英雄。曾率軍橫渡台灣海峽，擊敗荷蘭在台灣的駐軍，收復台灣。

屹立在鼓浪嶼海濱的鄭成功像

茶的故鄉 —— 中國

中國是茶的故鄉，中國人飲茶歷史悠久，茶葉的品種繁多。根據製作工藝的不同，主要可以分為綠茶、紅茶、白茶、黃茶、黑茶、青茶（烏龍茶）、花茶。

福建盛產茶葉，有一千多年的茶葉歷史，是著名的烏龍茶之鄉。

湄洲島

　　位於莆田市的湄洲灣，碧海藍天、金沙綠林、海巖奇石、廟宇樓閣，構成了旖旎秀麗的海濱風光。這裏是媽祖的誕生地，有信眾眾多的媽祖廟。

福建土樓

　　福建土樓又稱「客家土樓」，是世界上獨一無二的山區民居建築。主要分佈在漳州市南靖縣、龍巖市永定縣一帶的崇山峻嶺間，一座座圓形、橢圓形、方形的土樓依山傍翠，錯落有致，古樸而壯觀。土樓多建於明清時期，反映了客家人聚族而居、和睦相處的家族傳統。

永定土樓

現存著名的圓樓 300 多座、方樓 4000 多座。其中以「土樓之王」承啟樓、「土樓王子」振成樓最具代表性。

「土樓王子」振成樓

南靖土樓

歷史悠久、數量眾多、規模宏大、造型奇特，被譽為「神話般的山區建築」。

特色美食

武夷巖茶

　　產自武夷山，茶樹生長在巖縫之中。巖韻（巖骨花香）是武夷巖茶最突出的品質特徵。此茶具有綠茶之清香，紅茶之甘醇，是烏龍茶中的極品。

福建

知多點

❶ 泰寧丹霞

無數千姿百態的洞穴與湖、溪、潭、瀑完美結合，山環水繞、景色秀麗，是國內外罕見的「水上丹霞」景觀，有「丹霞峽谷大觀園」的美稱。

❷ 冠豸山

因主峰形似古代法官頭戴的獬豸冠而得名。屬於典型的丹霞地貌，與武夷山並稱「丹霞雙絕」。

❸ 雲水謠古鎮

歷史悠久的古老村落，村中有幽長的古道、百年老榕樹、雄偉的土樓，靈山碧水，人文豐富，給人以超然世外的感覺。

❹ 白水洋

因陽光下洋面波光粼粼、一片白熾而得名。河床佈水均勻，淨無沙礫，人行其上，水僅沒踝，是世界少有的淺水廣場。這裏還是世界唯一的鴛鴦獼猴自然保護區。

❺ 開元寺

福建最大的佛教寺院，是一座規模宏大的千年古剎，寺內的鐵鑄佛像重達 50 噸，為鎮寺之寶。

❻ 太姥山

海上仙都，以石奇、水秀、瀑急、峰險、霧多為特色。

❼ 三坊七巷

福州老城區內十條坊巷的總稱，是古時候貴族和士大夫的聚居地，至今保留着許多古建築，有「中國明清建築博物館」的美稱。

❽ 馬尾船廠

又稱「福州船政局」，是左宗棠在洋務運動期間籌建的造船廠，是中國近代第一家專業造船廠。

❾ 惠安女

以奇特的服飾和勤勞的精神而聞名海內外。披花色鮮豔的頭巾，戴斗笠，上身衣服短小緊窄，露出肚臍，下穿寬大的黑褲。

❿ 朱熹

宋朝著名的理學家、思想家、哲學家、教育家。南溪書院是朱熹幼年讀書之處。

觀書有感
宋代　朱熹

半畝方塘一鑒開，
天光雲影共徘徊。
問渠那得清如許，
為有源頭活水來。

武夷岩茶

中國丹霞—武夷山

南平市

青縄

建窯建盞

梅茶

福鼎白茶

⑥ 太姥山

東

台山列島

海

① 中國丹霞—泰寧丹霞

茫蕩山

④ 白水洋

寧德市

茉莉花茶

四礵列島

腸粉

霞浦灘涂

三明市

沙縣魚丸

德祖地

桃源洞

⑩ 南溪書院

墨石山

福州市

⑦ 三坊七巷

馬祖列島

海

② 冠豸山

德化陶瓷

油紙傘

莆田市

枇杷

⑧ 馬尾船廠遺址

龍巖市

桂圓

鳳梨

泉州市

荔枝

南少林寺

海壇島

⑨ 惠安女

湄洲島媽祖廟

南日群島

台

廈門市

清源山

⑤ 開元寺

灣

③ 雲水謠古鎮

漳州市

鼓浪嶼

泉州港

海

福建土樓—南靖土樓

水仙

香蕉

金門島

峽

東山風動石景區

東山島

海

江西

認識江西

簡稱：贛　　　　　　　　人口：4804 萬人

省會：南昌　　　　　　　面積：約 17 萬平方公里

省花：杜鵑

名片：贛鄱大地、紅色老區、世界鎢都、稀土王國、中國銅都

最高點：武夷山脈主峰黃崗山，2160.8 米

江西之最

世界最大的鎢礦：大湖塘鎢礦

中國最大的銅礦：江西德興銅礦

中國最大的銅冶煉基地：貴溪冶煉廠

中國最大的淡水湖：鄱陽湖

世界上最大的鳥類保護區：鄱陽湖

江西地處長江中下游，東、南、西三面環山，北臨鄱陽湖。因省內最大、最長的河流是贛江，而簡稱「贛」。江西資源豐富，物產豐饒，有色金屬、稀土、木材等產量頗豐。江西是著名的革命老區，井岡山是中國革命的搖籃，南昌是中國人民解放軍的誕生地，瑞金是中華蘇維埃政府成立的地方，安源是中國工人運動的策源地。境內風景名勝眾多，有廬山、滕王閣、白鹿洞書院等。江西景德鎮的瓷器歷史悠久，聞名中外。

廬山

井岡山

位於江西省和湖南省交界的羅霄山脈中段，1927 年，毛澤東等人在這裏創立了中國第一個農村革命根據地，開闢了「農村包圍城市、武裝奪取政權」的革命道路，所以井岡山被稱為「中國革命的搖籃」。井岡山地勢險峻，山林茂密，現在是紅色旅遊聖地。

廬山東臨鄱陽湖，北臨長江，以雄奇險秀的山勢、雲霧和瀑布而聞名。相傳，商周時期有匡氏兄弟結廬隱居於此，又稱「匡廬」。廬山是「三山五嶽」中「三山」之一，素有「匡廬奇秀甲天下」之譽。歷代文人墨客紛紛慕名而來，留下浩如煙海的丹青墨跡和膾炙人口的詩篇。

三山五嶽中的「三山」是指黃山、廬山、雁蕩山。「五嶽」指泰山、華山、衡山、嵩山、恆山。三山五嶽也是一個成語，泛指名山或各地。

望廬山瀑布　唐代　李白

日照香爐生紫煙，

遙看瀑布掛前川。

飛流直下三千尺，

疑是銀河落九天。

河流出口
河流入口

> **淡水湖**
>
> 指以淡水形式積存在地表上的湖泊，一般是外流湖，湖泊有出口，湖水有進有出，水源可以不斷更新補充，水中的鹽分很低。鄱陽湖與長江連通，是典型的淡水湖。

鄱陽湖

鄱陽湖像一個巨大的葫蘆繫在長江的腰上。這裏水域遼闊，水草豐美，每年秋冬時節，有成千上萬隻候鳥來此過冬，其中不乏天鵝、白鶴等珍禽，被稱為「白鶴世界」「珍禽王國」。北宋文學家蘇軾曾夜訪石鐘山（位於鄱陽湖出口與長江交匯處），留下了名篇《石鐘山記》。

鄱陽湖

河流入口

景德鎮瓷器

江西景德鎮是馳名中外的瓷都，有 1000 多年的製瓷歷史，盛產精美的陶瓷。景德鎮瓷器「白如玉，明如鏡，薄如紙，聲如磬」。其品種多樣，美觀實用，青花瓷、玲瓏瓷、粉彩瓷和顏色釉瓷是景德鎮四大傳統名瓷。

瓷瓶造型示意圖

梅瓶　　　玉壺春瓶　　　天球瓶　　　蒜頭瓶　　　抱月瓶

唐宋八大家

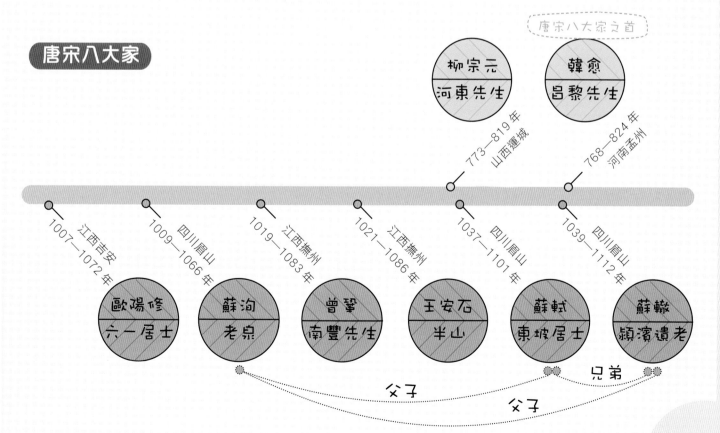

唐宋八大家之首

柳宗元　河東先生　773—819 年　山西運城

韓愈　昌黎先生　768—824 年　河南孟州

歐陽修　六一居士　1007—1072 年　江西吉安

蘇洵　老泉　1009—1066 年　四川眉山

曾鞏　南豐先生　1019—1083 年　江西撫州

王安石　半山　1021—1086 年　江西撫州

蘇軾　東坡居士　1037—1101 年　四川眉山

蘇轍　潁濱遺老　1039—1112 年　四川眉山

兄弟

父子　　父子

江西

知多點

❶ 白鹿洞書院

位於廬山五老峰南麓，中國古代四大書院之一，且列為首位。始建於940年，朱熹、王陽明等飽學之士曾在這裏講學。

❷ 滕王閣

位於贛江東岸，江南三大名樓之一。因唐代詩人王勃的《滕王閣序》中「落霞與孤鶩齊飛，秋水共長天一色」的詩句而聞名天下。

❸ 贛南客家圍屋

贛南是贛閩粵最大的客家人聚居區之一，是客家民系的孕育之地。客家圍屋也稱「圍龍屋」「圍屋」「轉龍屋」，是客家特色民居。以其主房外圍築以高牆炮樓而得名。外形有同心圓形、半圓形和方形等。

❹ 潯陽樓

因九江古稱潯陽而得名，飛檐翹角，古樸莊重。唐朝詩人韋應物、白居易留下詩詠，《水滸傳》中宋江題反詩、李逵劫法場等故事讓潯陽樓名噪天下。

❺ 瑞金

紅色故都，中央革命根據地的中心，中華蘇維埃共和國臨時中央政府所在地，也是著名的二萬五千里長征起點。

❻ 婺源

保存着原汁原味的明清古村落，「茂林修竹映村郭，飛禽走獸相對鳴」的田園風光，被譽為「中國最美的鄉村」。

❼ 三清山

道教名山，歷代道家修煉之地。因玉京、玉虛、玉華三峰宛如道教玉清、上清、太清三位尊神列坐山巔而得名。

❽ 龍虎山

由酷似龍、虎的二山組成，是中國典型的丹霞地貌風景。龍虎山被視為中國道教發祥地，相傳道教第一代天師張道陵曾在此煉丹。

❾ 于都嗩吶

于都縣是中國聞名的嗩吶之鄉，于都客家嗩吶有與其他嗩吶完全不同的演奏形式，即「公婆吹」，吹奏時，「公」嗩吶音色低沉渾厚，「婆」嗩吶高亢嘹喨，兩種嗩吶交替進行吹奏，相互輝映，妙趣橫生。

中國道教四大名山

龍虎山　江西鷹潭
青城山　四川成都
武當山　湖北十堰
齊雲山　安徽黃山

秋收起義軍

長江

石鐘山

④ 潯陽樓

① 白鹿洞書院

廬山

荷花

鄱陽湖

脫胎漆器

浮樑縣衙

青花瓷

景德鎮市

⑥ 婺源古村落

候鳥

贛劇

九江市

陶淵明

修水

上饒市

信江

景德鎮古窯遺址

⑦ 三清山

② 滕王閣

大觀樓

八一南昌起義紀念館

南昌市

鷹潭市

上饒集中營舊址

宜春市

大觀塔

新余市

仙女湖

撫河

花敘鋼鼓

王安石

湯顯祖

中國丹霞一靈峰

⑧ 龍虎山

上清宮（道教）

武夷山（鉛山）

明月山

武功山

歐陽修

吉州窯瓷器

曹山寺

曾鞏

麻姑山

撫州市

贛江

南豐貢桔

井岡山革命博物館

山革命博物館

調天巖

八鏡台

文天祥

⑨

于都嗩吶

公婆吹

郁孤台

于都河紅軍
長征出發地

⑤ 瑞金中華蘇維埃中央政府舊址

贛州市

贛州古城

大聖寺塔

③ 贛南客家圍屋

山東

山東位於太行山以東，是孕育了中華文明的「齊魯大地」。這裏是孔子、孟子、墨子、孫子等名人的故鄉。黃河奔騰 5000 多公里，由此匯入渤海。在 2500 多公里的黃金海岸線上，遍佈着港口和宜人的景區。五嶽之尊泰山巍峨屹立，道教名山嶗山洞天福地。世界上最長的古運河——大運河流經這裏。「泉城」濟南、「世界風箏之都」濰坊、「帆船之都」青島等城市的風景名勝、工藝特產享譽中外。

認識山東

簡稱：魯　　　　　　　　　人口：9580 萬人

省會：濟南　　　　　　　　面積：約 16 萬平方公里

省花：牡丹

名片：齊魯大地、孔孟之鄉、海岱勝境、紅色聖地

最高點：泰山主峰玉皇頂 1532.7 米

最大的湖：微山湖，約 1266 平方公里

最大的島：長島中的南長山島約 12 平方公里

山東之最

中國黃金儲備量和產量第一

中國對蝦、扇貝、鮑魚的產量和出口量第一

中國水果產量第一

泰山

泰山是五嶽之首，氣勢雄偉巍峨，有「中華第一山」的美名，被列為世界文化與自然雙重遺產。自秦代開始到清代，歷代帝王都到泰山封禪、祭祀，留下了大量古建築和碑記題刻。泰山十八盤極其險峻，如同天梯。沿着十八盤，經過南天門，登上玉皇頂，可以觀賞到壯美的日出。

《水滸傳》中的經典故事

武松景陽岡打虎

魯智深倒拔垂楊柳

魯智深拳打鎮關西

吳用智取生辰綱

林沖雪夜上梁山

水泊梁山

位於山東省西南部梁山縣境內，是水滸故事的發祥地，因古典名著《水滸傳》而馳名。108 位英雄好漢在梁山聚義，憑藉水泊天險，替天行道，除暴安良，威名遠揚。俠肝義膽的梁山好漢流傳下來許多忠勇故事。

第五套人民幣五元紙幣的背面圖案就是泰山

孔子

中國著名的思想家、教育家，儒家學派的創始人，曾在故鄉曲阜開壇講學，有弟子 3000 人，得意門生 72 人。孔廟是人們紀念孔子的場所，孔府是孔子家族居住的地方，孔林是孔子及其家族的墓地，這三處建築被列為世界文化遺產。《論語》是記載孔子及其弟子言行的經典著作。

有朋自遠方來，不亦樂乎？

己所不欲，勿施於人。

溫故而知新，可以為師矣。

學而不思則罔，思而不學則殆。

知之為知之，不知為不知，是知也。

——《論語》孔子

濰坊風箏

風箏，古稱「紙鳶」。清明節前後，人們紛紛到戶外踏春、放風箏。濰坊是世界風箏之都，所產的風箏新穎美觀，製作精細考究，飛得又高又穩。在每年舉辦的國際風箏節上，千姿百態的風箏競相飛舞，讓人賞心悅目。

村居 清代 高鼎

草長鶯飛二月天，
拂堤楊柳醉春煙。
兒童散學歸來早，
忙趁東風放紙鳶。

山東名人表

濰坊	農聖 賈思勰（生卒年不詳）				
臨沂	書聖 王羲之（303 年 - 361 年）	智聖 諸葛亮（181 年 - 234 年）	算聖 劉洪（129 年 - 210 年）		
棗莊	科聖 墨子（生卒年不詳）	工聖 魯班（前 507 年 - 前 444 年）			
濟寧	亞聖 孟子（前 372 年 - 前 289 年）	述聖 子思（前 483 年 - 前 402 年）	宗聖 曾子（前 505 年 - 前 435 年）	復聖 顏子（前 521 年 - 前 481 年）	至聖 孔子（前 551 年 - 前 479 年）
濱州	兵聖 孫子（前 545 年 - 前 470 年）				

祖孫

細看地圖 山東

知多點

❶ 抱犢崮

崮是戴着「平頂帽子」的山，沂蒙山區號稱有「七十二崮」。登上崮頂可以觀看雲海日出。

❷ 趵突泉

泉城濟南的象徵與標誌，被譽為「天下第一泉」，與濟南千佛山、大明湖並稱為濟南三大名勝。泉水清醇甘冽，常年噴湧不息。

❸ 楊家埠木版年畫

古時候，人們過新年，都會張貼年畫，增添節日的喜慶氣氛。濰坊市的楊家埠村自古產年畫，明清時期達到鼎盛。與天津楊柳青、蘇州桃花塢、開封朱仙鎮並稱四大木版年畫。

❹ 台兒莊戰役

抗日戰爭中，中國正面戰場最大的勝利之一。中國軍隊英勇殺敵，歷時一個月，殲滅日軍約 2 萬人，打擊了日本侵略者的囂張氣焰，堅定了全國軍民堅持抗戰的信心，極大地鼓舞了全民族的士氣。

❺ 黃河入海口

中國第二長河黃河從東營流入渤海。這裏有中國第二大油田——勝利油田。

❻ 諸城恐龍博物館

陳列着世界最大的恐龍足跡群和世界最大的鴨嘴龍骨架群。

❼ 定遠艦

清代北洋艦隊的主力艦，在中日甲午海戰中被毀。

❽ 成山頭

山東半島上最早能看到海上日出的地方，也是中國最早看得到海上日出的地方。起初叫「天盡頭」，後改名為「好運角」。

❾ 岱廟

古代帝王舉行封禪大典和祭拜山神的地方。岱廟座落於泰山南麓，是旅客登覽泰山的第一景。

❿ 大汶口文化

公元前 3500 年至公元前 2500 年的新石器時代晚期的父系氏族遺址，出土了大量陶器。大汶口文化時期的陶器造型多樣，常飾鏤孔、劃紋。

⓫ 龍山文化

同屬新石器時代晚期，年代約為公元前 2500 年至前 2000 年，上承大汶口文化、下續岳石文化。龍山文化以黑陶為突出特徵，龍山文化的黑陶器表漆黑光亮，器壁薄如蛋殼。

渤　海

渤海海峽

黃

長島

渤海灣

孫武

濱州市

黃河口

芝罘島

葡萄酒

劉公島

成山角

濟南市

魏氏莊園

黃

⑤黃河入海口

萊　州　灣

威海市

東營市

⑧成山頭

煙台市

棲霞蘋果

蘇山島

萊陽梨

大明湖

⑪龍山文化遺址

齊國故城

風箏

青島啤酒

青島市

成山頭

泉

淄博市

濰坊市

③楊家埠木版年畫

萊蕪市

田橫島

泰山

沂山

嶗山

泰安市

膠州灣

葡萄

⑩大汶口文化遺址

⑥諸城恐龍博物館

⑦

靈山島

奧林匹克帆船中心

府、孔林

齊長城穆陵關遺址

蒙山

日照市

海

臨沂市

孟良崮

蒼山大蒜

王羲之

①抱犢崮

海州灣

對蝦

④台兒莊古城

海

海膽

67

河南

認識河南

簡稱：豫　　　　　人口：10932 萬人

省會：鄭州　　　　面積：約 17 萬平方公里

省花：蠟梅　　　　名片：中原大地、中國糧倉、黃帝故里

最高點：秦嶺老鴉岔堖，2414 米

河南位於中國中東部、黃河中下游，居九州中部，古稱「中原」。因大部分區域位於黃河以南而得名。河南是中國人口最多的省份，也是中國糧食的重要產區；還是中國古代文明的重要發祥地，是中國建都朝代最多、建都歷史最長、古都數量最多的省份。自古就有「天下名人，中州過半」之說。主要景點有安陽殷墟、龍門石窟、嵩山少林寺等。

河南之最

中國歷史上建都時間最長的城市：洛陽

中國最早的「國立大學」：太學遺址

中國最長的人工天河：紅旗渠

中國最早的畫：《鸛魚石斧》圖

中國第一部醫學著作：東漢張仲景所著《傷寒雜病論》

中國歷史上第一個長期定居的都城：安陽

中國最早的佛寺：白馬寺

中國最早的成熟文字：甲骨文

中國最古老的酒：杜康酒

中國規模最大的塔林：少林寺塔林

中國最古老的塔：嵩岳寺塔

開封城

古稱「東京」「汴京」「汴梁」，歷史上有七個朝代相繼在此定都，被譽為「七朝古都」，是世界上唯一一座城市中軸線從未變動的都城。

清明上河圖

北宋時期張擇端創作的巨幅名畫，生動地描繪了清明時節北宋都城東京（今河南開封）的繁榮景象。

中國八大古都

					獻帝初		愍帝時期	
西安		西周		秦 西漢 新莽 東漢		西晉		前趙 前
洛陽		東周			東漢	魏	西晉	
南京						東吳	東晉 南朝	
北京		燕						
開封		魏						
安陽	商 衛					曹魏		前燕 后
鄭州	夏 商 鄭 韓							
杭州								

龍門石窟

中國四大石窟之一，位於洛陽市南郊，從北魏至唐代的 400 餘年間，工匠們在伊河兩岸的山巖峭壁上鑿窟造像，留下了精美絕倫的佛教藝術傑作。現存窟龕 2000 多個，造像 10 萬多尊，佛塔 50 多座。

石窟中最大的佛像
—— 盧舍那大佛

嵩山少林寺

中嶽嵩山是中國佛教禪宗的發源地和道教聖地。由太室山與少室山組成。主要建築有中嶽廟、嵩陽書院、少林寺等。少林寺位於少室山，是漢傳佛教的禪宗祖庭，有「天下第一名剎」之稱，少林武術、少林寺佛塔天下聞名。

中國武術

又稱「中國功夫」，用來防禦進攻、制止侵襲，還可以強身健體。武術歷史悠久、博大精深，講究剛柔相濟、內外兼修，是中華文化的優秀遺產。

洛陽牡丹

洛陽是著名的牡丹之城，隋代就開始大量栽種牡丹，自古有「洛陽牡丹甲天下」之說。洛陽牡丹花朵碩大、品種繁多、花色奇絕、雍容華貴，寓意吉祥富貴、繁榮昌盛。

賞牡丹
唐代　劉禹錫

庭前芍藥妖無格，
池上芙蕖淨少情。
唯有牡丹真國色，
花開時節動京城。

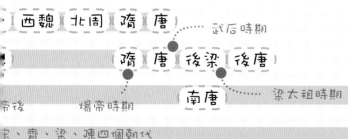

西魏　北周　隋　唐　⋯⋯武后時期

隋　唐　後梁　後唐

帝後　　煬帝時期　　南唐　⋯⋯梁太祖時期　　　成祖前 ⋯⋯明　中華民國

宋、齊、梁、陳四個朝代　　　　　　　　　　　遼　金　元　明　清　中華人民共和國

後梁　後晉　後漢　後周　北宋　　　金

東魏　北齊　　　　　　　　　　　金宣宗後 ⋯⋯

吳越　　　　　　　　　　南宋

細看地圖 河南

知多點

❶ 豫劇

中國五大戲曲劇種之一、中國第一大地方劇種。因其音樂伴奏用棗木梆子打拍，又稱「河南梆子」。唱腔鏗鏘大氣、抑揚有度，表現豐富細膩。代表劇目有《春秋配》《花木蘭》《穆桂英掛帥》等。

❷ 「天地之中」歷史建築群

世界文化遺產，是中國時代跨度最長、建築種類最多的古建築群。分佈於河南登封市區周圍，包括太室闕、中嶽廟、少室闕、啟母闕、嵩岳寺塔、觀星台、會善寺、嵩陽書院、少林寺常住院、初祖庵、塔林等建築。

❸ 朱仙鎮木版年畫

中國木版年畫的鼻祖，構圖飽滿，線條粗獷簡練，造型古樸誇張，色彩新鮮豔麗。

❹ 四大懷藥

指古懷慶府（今河南省焦作市境內）所產的山藥、牛膝、地黃、菊花四大中藥。

❺ 唐三彩

盛行於唐代的一種低溫釉陶器，釉彩有黃、綠、白、褐、藍、黑等顏色，以黃、綠、白三色為主。

❻ 殷墟

商朝後期都城遺址已有 3300 多年歷史，出土了大量甲骨文、青銅器等。其中的后母戊鼎是世界上最大的青銅器，重達 875 千克。

❼ 雲台山

位於太行山南麓，因山勢險峻、峰壑間時常雲霧繚繞而得名。以山稱奇，以水叫絕。

❽ 開封鐵塔

建於北宋，因塔身通體鑲嵌褐色琉璃瓦，遠看像鐵鑄而得名。以精湛絕妙的建築藝術和雄偉秀麗的修長身姿而馳名中外。

❾ 信陽毛尖

名優綠茶，中國十大名茶之一。茶葉細、圓、光、直，香高味濃，湯色綠，有生津解渴、清心明目的作用。

虢國青銅器

孟谷嗶

三門峽市

唐三彩

奇異果

丹江大鯛苑

紅旗渠
安陽市
鶴壁市
⑥殷墟
岳飛廟
冀魯豫邊區革
命根據地舊址
濮陽市
太行山大峽谷
朝歌古城
道口燒雞
黃河
⑦雲台山
四大懷藥
④
牧野之戰古戰場
新鄉市
朱仙鎮木版年畫
③
鐵塔公園⑧
獼猴
韓山
韓愈
焦作市
黃河
黃河風景名勝區
鄭州市
鯉魚焙麵
中原福塔
清明上河園
龍門石窟
中嶽廟
二七紀念塔
嵩嶽寺塔
開封市
商丘市
黃帝故里
開封府
商丘古城
喬藕
嵩山少林寺
②
汝瓷
牡丹
梅花石
平頂山市
三蘇園
許昌市
曹丞相府
胡辣湯
老子
南街村
黃花菜
太昊陵
芒碭山
碑刻
神州鳥園
漯河市
周口市
槐山羊
①
豫劇
諸葛亮
嵖岈山
駐馬店市
武侯祠
常溪寶劍
南陽玉器
汝陽花菇
小磨香油
河南燴麵
確山夏枯草
南海禪寺
拐玉城
信陽市
固始雞
⑨
信陽毛尖
潢川甲魚
雞公山
信陽板栗
商菝苓
鄂豫皖蘇區首府
許世友將軍故里

湖北

認識湖北

簡稱：鄂　　　　　人口：6165 萬人
省會：武漢　　　　面積：約 19 萬平方公里
省花：梅花
名片：千湖之省、九省通衢、中華藥庫、荊楚大地
最高點：神農頂，3106.2 米

湖北之最

世界最大的水電站：三峽水電站
世界最大的洞穴通道：利川騰龍洞
世界最大的綠松石產地：湖北十堰
世界上最早的法醫記錄：雲夢秦簡
中國最大、最完整的青銅編鐘：曾侯乙編鐘

湖北位於長江中游，洞庭湖北岸。地勢西高東低，境內河網交織，湖泊星羅棋佈，被譽為「千湖之省」。這裏盛產魚蝦、蓮藕，耕作業發達，有「湖廣熟，天下足」之說。擁有金絲猴、白鶴、中華鱘、水杉等珍稀動植物，又因草本藥材種類繁多，被稱為「中華藥庫」。湖北自古是兵家必爭之地，劉備借荊州、關羽大意失荊州、赤壁之戰等三國故事家喻戶曉。神農架、武當山、黃鶴樓、長江三峽等風景名勝名聞天下。

金頂

建於天柱峰上的金殿，是武當山的象徵和標誌。全部用銅鑄鎏金構件組成，是中國現存最大的銅建築物。

武當山

北通秦嶺，南接巴山，背倚神農架，山勢雄奇幽秀，連綿起伏，縱橫 400 多公里。武當山是道教名山和武當武術的發源地，被尊為「道教仙山」。山中有規模宏大的道教建築和文物古蹟。元末明初道士張三丰開創的武當派，是中華武術的重要流派。

黃鶴樓

位於蛇山之巔，瀕臨長江，始建於三國時期。與岳陽樓、滕王閣並稱「江南三大名樓」。登樓遠眺，龜蛇對峙，大江東去，自古便是文人墨客遊覽、宴飲的勝地。

> 黃鶴樓
> 唐代 崔顥
>
> 昔人已乘黃鶴去，
> 此地空餘黃鶴樓。
> 黃鶴一去不復返，
> 白雲千載空悠悠。
> 晴川歷歷漢陽樹，
> 芳草萋萋鸚鵡洲。
> 日暮鄉關何處是？
> 煙波江上使人愁。

西陵峽

西起湖北省秭歸縣西的香溪口，東至湖北省宜昌市南津關，是三峽中最長的一段。以航道曲折、怪石林立、灘多水急、行舟驚險而聞名。世界上最大的水電站——三峽水電站就建於西陵峽中段。

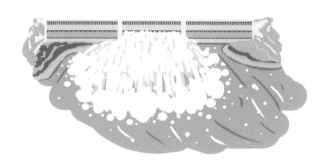

神農架

位於湖北省西部，瀕長江三峽。這裏山川交錯，峰嶺連綿，林密谷深。相傳遠古時期，炎帝神農氏搭架上山採藥，由此得名。神農架以保存完好的洪荒時代風光、神秘莫測的「野人」蹤跡而聞名中外。

曾侯乙編鐘

1978 年出土於湖北隨州戰國時期曾國國君乙墓。鐘架上按照音調高低，懸掛着大小不一的青銅鐘。其鑄造技術高超，音樂性能良好。編鐘以敲打的方式進行演奏，用於祭祀或宴飲場合。曾侯乙編鐘是迄今發現最大、最完整的青銅編鐘。

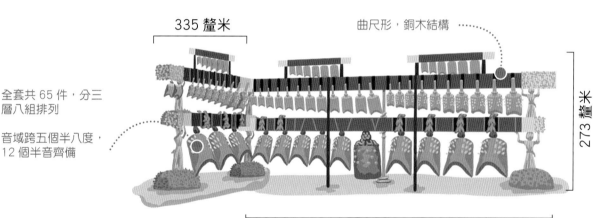

335 釐米

曲尺形，銅木結構

273 釐米

全套共 65 件，分三層八組排列

音域跨五個半八度，12 個半音齊備

748 釐米

《三國演義》

東漢末年，魏、蜀、吳三分天下，呈鼎立之勢，紛爭不斷。古典名著《三國演義》講述了三國時期的故事，塑造了一群叱咤風雲的英雄人物。三國故事許多發生在湖北，古隆中、赤壁古戰場、荊州古城等三國遺跡留存至今。

諸葛亮

《三國演義》中的經典故事

桃園結義　三顧茅廬

火燒赤壁　草船借箭

馬躍檀溪　子龍救主

隆中對　借東風

苦肉計

湖北

知多點

❶ 屈原

　　戰國時期楚國浪漫主義詩人、政治家，創立了「楚辭」文體，被譽為「辭賦之祖」「中華詩祖」。代表作有《離騷》《九歌》等。《楚辭》是中國浪漫主義文學的源頭之一，與《詩經》並稱「風騷」。

❷ 襄陽古城

　　始築於漢代，是古今聞名的軍事重鎮。古城三面環水，一面靠山，城高池深，易守難攻。護城河寬度為中國之最。三國時期，襄陽城是群雄角逐的重要戰場，著名的三顧茅廬、馬躍檀溪、水淹七軍、刮骨療毒等故事就發生在這裏。

❸ 明顯陵

　　明世宗嘉靖皇帝父母的合葬墓，明代帝陵中單體面積最大的皇陵。「一陵兩冢」的陵寢結構為歷代帝王陵墓中絕無僅有。

❹ 黃石國家礦山公園

　　三國時期，孫權在此「築爐煉兵器」。清末湖廣總督張之洞辦洋務、興鋼鐵，在此創建中國首家以機器開採的大型露天鐵礦。礦冶大峽谷形如一隻碩大的倒葫蘆，長 2200 米、寬 550 米、最大落差 444 米、坑口面積達 108 萬平方米，被譽為「亞洲第一天坑」。

❺ 恩施大峽谷

　　典型的喀斯特地貌，以雄奇險峻聞名，有天坑、地縫、絕壁、峰叢、巖柱群、溶洞、暗河等景觀。

❻ 辛亥革命

　　1911 年 10 月 10 日，在湖北武昌爆發的武昌起義是辛亥革命的開端。辛亥革命結束了中國兩千多年的封建專制統治，中國開始走向民主共和。

❼ 荊州古城

　　又稱「江陵城」，始建於春秋戰國時期，曾是楚國的官船碼頭和渚宮。三國時期劉備借荊州、關羽大意失荊州等故事就發生在這裏。現存荊州為明清時期所建，分水城、磚城、土城三層，易守難攻，有「鐵打荊州」的説法。

❽ 古隆中

　　東漢末年諸葛亮隱居於古隆中。這裏群山環抱，風景優美。當年劉備與諸葛亮縱論時局，提出了著名的「隆中對」。

❾ 武漢長江大橋

　　位於武漢蛇山和漢陽龜山之間，全長 1670 米，是長江上第一座鐵路、公路兩用橋，被譽為「萬里長江第一橋」。

恩施土家族苗族自治州

⑤ 恩施大峽谷

唐崖土司城

⑩ 王昭君

與貂蟬、西施、楊玉環並稱「中國古代四大美女」。西漢元帝時和親匈奴，維護漢匈關係穩定半個世紀。

「沉魚落雁，閉月羞花」指中國古代四大美女及其典故，此成語用來形容女子極其美麗動人。

「沉魚落雁，閉月羞花」的典故
「沉魚」：西施浣紗的故事
「落雁」：昭君出塞的故事
「閉月」：貂蟬拜月的故事
「羞花」：楊玉環貴妃醉酒觀花的故事

⑪ 李時珍

明代著名醫藥學家、藥物學家，他廣泛收集藥物標本和處方，並參考歷代醫藥典籍，歷經 27 個寒暑，三易其稿，完成了 192 萬字的巨著《本草綱目》，被後世尊為「藥聖」。

赤壁之戰

著名的以弱勝強的戰役。208 年，曹操率領百萬大軍討伐孫權。孫權和劉備組成聯軍，由周瑜指揮，在湖北赤壁用火攻大破曹軍。由此奠定了三國鼎立的格局。

地方概述 湖南

認識湖南

簡稱：湘　　　　　　人口：7132 萬人
省會：長沙　　　　　　面積：約 21 萬平方公里
省花：荷花
名片：湘楚大地、偉人故里、將帥之鄉、革命搖籃
最高點：武陵山壺瓶山，2098.7 米

湖南之最

世界最大的內陸洲：長沙橘子洲
世界最輕的絲織品：湖南長沙馬王堆漢墓出土的素紗衣
中國最早的銅製品：湖南長沙楊家山春秋晚期墓葬出土的銅劍
中國現存最大的商代青銅方尊：四羊方尊
世界銻的儲量最大

湖南地處長江南岸，氣候溫和，土地肥沃，是著名的魚米之鄉。春秋、戰國時期屬於楚國，是湘楚文化的發祥地。因位於煙波浩渺的洞庭湖以南，得名「湖南」。因省內有一條湘江流貫南北，而簡稱「湘」。境內蘊藏着豐富的礦產，被譽為「有色金屬之鄉」。湖南英才輩出，是屈原、蔡倫、周敦頤等歷史名人的故里，毛澤東、劉少奇、彭德懷等革命家的誕生地，被稱為「偉人故里」「將帥之鄉」。湘繡是中國四大名繡之一，湘菜是八大菜系之一。

石英砂巖峰林

曾經的海濱海灘經過漫長的沉積，成為砂巖。隨着地殼上升，變成陸地。上升幅度大的地方抬升，成為丘陵山地。經過雨水、河水的長期沖刷、溶蝕，砂巖山地被切割成許多石柱，逐漸成為峰林。

武陵源

位於湖南省西北部，包含張家界、索溪峪、天子山和楊家界四個風景區。屬於砂巖峰林地貌，以奇峰、幽谷、秀水、深林、溶洞著稱。這裏奇石如林，峽谷縱橫，植被茂密，彷彿一座天然的大迷宮。

石林的形成過程

風化作用形成的裂隙

雨水長期沖刷、溶蝕

雨水下滲溶蝕，形成「v」形溶隙

繼續溶蝕，形成石芽

形成石柱、石林

洞庭湖
中國第二大淡水湖，湖中的君山島與岳陽樓遙遙相對。

望洞庭
唐代　劉禹錫
湖光秋月兩相和，
潭面無風鏡未磨。
遙望洞庭山水色，
白銀盤裏一青螺。

衡山

五嶽中的南嶽，群峰雄偉，風景優美，是著名的道教、佛教聖地。最高峰祝融峰海拔 1300.2 米。相傳，衡山山神是民間崇拜的火神祝融，教民用火，化育萬物，被當地尊為南嶽聖帝。

岳陽樓

自古就有「洞庭天下水，岳陽天下樓」的說法。與湖北武昌黃鶴樓、江西南昌勝王閣並稱「江南三大名樓」。北宋文學家范仲淹的《岳陽樓記》生動地描繪了岳陽樓的美景。

先天下之憂而憂，後天下之樂而樂。
——北宋范仲淹《岳陽樓記》

端午節賽龍舟

相傳，楚國詩人屈原投汨羅江自盡後，當地百姓聞訊競相划船前往打撈，並向江中投放食物，以免魚蝦吃掉屈原的屍體。後來，端午節（農曆五月初五）賽龍舟、吃粽子成為習俗。

路漫漫其修遠兮，吾將上下而求索。
——戰國屈原《離騷》

特色美食

湘菜

中國八大菜系之一，製作精細，用料廣泛，色澤上油重色濃，口味上注重香辣、香鮮、軟嫩。其中，湘菜的代表菜色之一就是剁椒魚頭，大魚魚頭配以湖南特色調味料剁辣椒，香辣鮮味。

湖南

知多點

❶ 老司城遺址

本名福石城，是湘西歷代土家族土司王經營了八百多年的政治、經濟、文化中心。廟宇、祠堂、石坊、石碑等文物遍佈，是一座土家族「露天博物館」。

❷ 韶山

新中國第一代最高領導人毛澤東的故鄉，重要的革命紀念地。這裏群山環抱，峰巒聳峙，翠竹蒼松，充滿田園意趣。

❸ 岳麓書院

位於岳麓山腳下，中國古代四大書院之一。有名聯「惟楚有才，於斯為盛」。

❹ 崀山

屬於典型的丹霞地貌，集丹崖、碧嶺、奇峰、幽谷、神洞、秀水六大奇觀於一地，自然景觀獨具特色。

❺ 橘子洲頭

位於湘江江心，是世界上最大的內陸洲。洲上種植着數千株柑橘，每逢金秋時節，碩果纍纍，滿島飄香。

❻ 馬王堆漢墓遺址

西漢初期長沙國丞相利蒼及其家屬的墓葬，墓葬的結構宏偉複雜，墓中出土了漆器、絲織品、帛畫、帛書等文物。

❼ 蔡倫竹海

中國最大的連片竹海，茂林修竹，鬱鬱蔥蔥。東漢發明家蔡倫在此採集原料，製成了「蔡侯紙」。造紙術是中國古代四大發明之一。

湘繡

長沙一帶刺繡產品的總稱，中國四大名繡之一，與蘇繡、蜀繡、粵繡齊名。湘繡構圖嚴謹、針法多變，形象生動逼真、色彩豐富鮮豔。

沁園春·長沙

毛澤東

獨立寒秋，湘江北去，橘子洲頭。看萬山紅遍，層林盡染；漫江碧透，百舸爭流。鷹擊長空，魚翔淺底，萬類霜天競自由。悵寥廓，問蒼茫大地，誰主沉浮？

壽瓶山

大峽

城遺址 武陵源

張家界市

天門山

① 老司城遺址

鹿鳴塔

湘西土家族苗族自治州

懷化市

安化黑茶

全秋梨

黔陽冰糖橙

儺戲

風雨橋

高椅古村

城步吊龍

南山大羊肉

侗寨

書山

南山大草原

夾山

常德市

常德絲弦

柑橘

桃花源

益陽市

茶馬古道

婁底市

潙源湄江

紫鵲界梯田

邵陽市

白水洞

瀏陽年畫

④ 中國丹霞一崀山

福

柳子廟

永州市

濂溪故里

上甘棠村

九嶷山舜帝陵

澧州文廟

益陽紙傘

洞庭湖

竹編

桃花江竹海

③ 岳麓山

長沙市

曾國藩故居

② 韶山

湘潭市

彭德懷紀念館

南嶽衡山

衡州花鼓戲

衡陽市

蔡倫

石鼓書院

蔡倫竹海 ⑦

梔子花

岳陽樓

岳陽市

賽龍舟

平江九龍舞

屈子祠

小龍蝦

⑤ 橘子洲頭

⑥ 馬王堆漢墓

臭豆腐

齊白石

醴陵瓷

株洲市

雲陽山

神農殿

炎帝陵一神農谷

冰糖橙

臨武鴨

郴州市

東江漂流

莽山

79

廣東

簡稱：粵　　　　　　人口：8636 萬人
省會：廣州　　　　　　面積：約 18 萬平方公里
省花：木棉花
名片：南粵大地、嶺南熱土、水果之鄉
最高點：南嶺石坑崆，1902 米

廣東之最

中國最早對外的通商口岸：**廣州港**
中國第一高塔：**廣州塔**
中國第一經濟大省
中國大陸岸線最長的省份
中國高嶺土、泥炭土、英石、鍺、碲的儲量第一

　　廣東位於中國南部沿海，境內多丘陵和山地，丹霞山、羅浮山、西樵山、鼎湖山並稱為廣東四大名山。這裏四季常青、風光宜人，盛產水果，礦產資源豐富，有「稀有金屬和有色金屬之鄉」的稱號。廣東人傑地靈，古時是百越民族聚居之所，是張九齡、孫中山、康有為、梁啟超等歷史人物的故鄉，還是著名的僑鄉。擁有眾多名勝古蹟，歷史遺跡、名人故居、嶺南園林等不勝枚舉。粵菜是中國八大菜系之一，潮州工夫茶、廣式點心全國聞名。

開平碉樓

　　一種多層塔樓式民居建築，因形狀似碉堡而得名。碉樓的下部形式大致相同，上部的造型千姿百態。集防衛、居住功能和中西建築風格於一體。開平碉樓星羅棋佈，造型別緻，堅固耐用。

潮州工夫茶

　　喝工夫茶是潮汕地區很有名的習俗，也是傳統茶文化中最有代表性的茶道之一。用考究的紫砂茶具沖泡烏龍茶，色香味俱全。

廣東茶文化

　　早在唐代，廣東人就開始種茶、飲茶。有鳳凰單樅茶、英德紅茶、嶺頭單樅茶、石谷坪烏龍茶、西巖烏龍茶等名茶。廣東人有吃早茶、喝潮州工夫茶的習俗。在茶樓一邊喝茶，一邊品嘗花樣繁多、精緻美味的點心。

杯子有半個乒乓球大小

茶壺很小，只有拳頭那麼大

廣東名水果

　　廣東地處亞熱帶，盛產水果，且品種繁多，一年四季都有鮮果上市，僅廣州就有有五百多種水果，被譽為「水果之鄉」。其中以荔枝、香蕉、木瓜、菠蘿分佈最廣，產量多，質量好。此外，還有芒果、紅橙、楊桃、石榴、龍眼、楊梅等果品。

丹霞山

由紅色沙礫巖構成，以赤壁丹霞為特色。方圓 292 平方公里的紅色山群「色若渥丹，燦若明霞」。丹霞地貌奇峰林立、景色瑰麗，構成一幅大自然奇景。

廣東四大名山
・惠州羅浮山
・肇慶鼎湖山
・韶關丹霞山
・佛山西樵山

羅浮山

廣東四大名山之首，道教名山。山勢雄壯，林木繁茂，飛瀑流泉眾多，宮觀寺廟林立。歷代文人墨客登臨羅浮山，留下了許多經典的文賦和詩詠。

海上絲綢之路

世界上最古老的海上航線，開通於秦漢時期，是古代中國與外國交通貿易和文化交往的海上通道。中國境內的海上絲綢之路主要有廣州、泉州、寧波三個主港，向外輸送絲綢、瓷器、茶葉等商品，又將香料、花草等運輸回國。

南海1號

世界海上沉船中年代最早、體積最大、保存最完整的遠洋貿易商船。這艘南宋古商船長 30.4 米，寬 9.8 米，船載 6 萬至 8 萬件文物，在海上絲綢之路運送瓷器時失事。

海上絲綢之路博物館陳列着南海1號古船及大量精美文物

華南虎

中國特有的珍稀虎種，生活在中國中南部。華南虎的頭圓、耳短，四肢粗大有力，尾巴比較長，全身黃色並佈滿黑色橫紋。

特色美食

廣式點心

廣東茶樓除了可以喝茶，也提供各式精緻美味的點心，例如蝦餃、叉燒包、腸粉、奶黃包、菠蘿包、榴槤酥等。

廣東

知多點

❶ 湖光巖

　　世界罕見的兩個瑪珥湖之一（另一個在德國瑪珥地區）。瑪珥湖是由火山口形成的。湖光巖湖水清澈，四周群山環抱，植被茂盛，湖光山色，景色宜人。

❷ 端硯

　　產自廣東肇慶市，因肇慶古稱「端州」而得名。端硯石質堅實細膩，發墨快，研出的墨汁潤滑，書寫流暢，字跡顏色經久不變。

❸ 七星巖

　　由七座石灰巖峰組成，因山峰的分佈位置如同天上的北斗七星而得名，以峰險、洞奇、湖淨、廟古為特色，有「嶺南第一奇觀」的美譽。

❹ 廣州塔

　　中國第一高塔，總高 600 米。設有「蜘蛛俠棧道」，是世界最高最長的空中漫步雲梯。

❺ 客家圍屋

　　客家民居建築，又稱「圍龍屋」，始建於唐宋，興盛於明清。主要分佈於廣東梅州、深圳、惠州等地。圍屋具有客家禮俗和南方地域特色。其結構以中間的正堂或堂屋為基準，向外一層層地修建房屋，每一層稱為一「圍」或一「圍龍」。

❻ 五羊雕塑

　　廣州的象徵和標誌，位於廣州的越秀山上。相傳，曾有五位仙人，穿着五彩衣、騎着五色羊，攜穀穗降臨廣州。因此廣州又稱「羊城」。

❼ 南華寺

　　佛教禪宗南宗祖庭之一，因供奉着六祖慧能的真身而聞名。與光孝寺、開元寺、慶雲寺並稱嶺南「四大名剎」。

❽ 鳳山媽祖廟

　　媽祖是民間信奉的海上保護神。鳳山的媽祖石像建於 1994 年，高 16.83 米，是汕尾港的標誌。

❾ 虎門銷煙

　　1839 年 6 月，清朝欽差大臣林則徐在廣東虎門集中銷毀鴉片，共歷時 23 天，銷毀鴉片 238 萬多斤，維護了中華民族的尊嚴和利益。此事後來成為第一次鴉片戰爭的導火索。

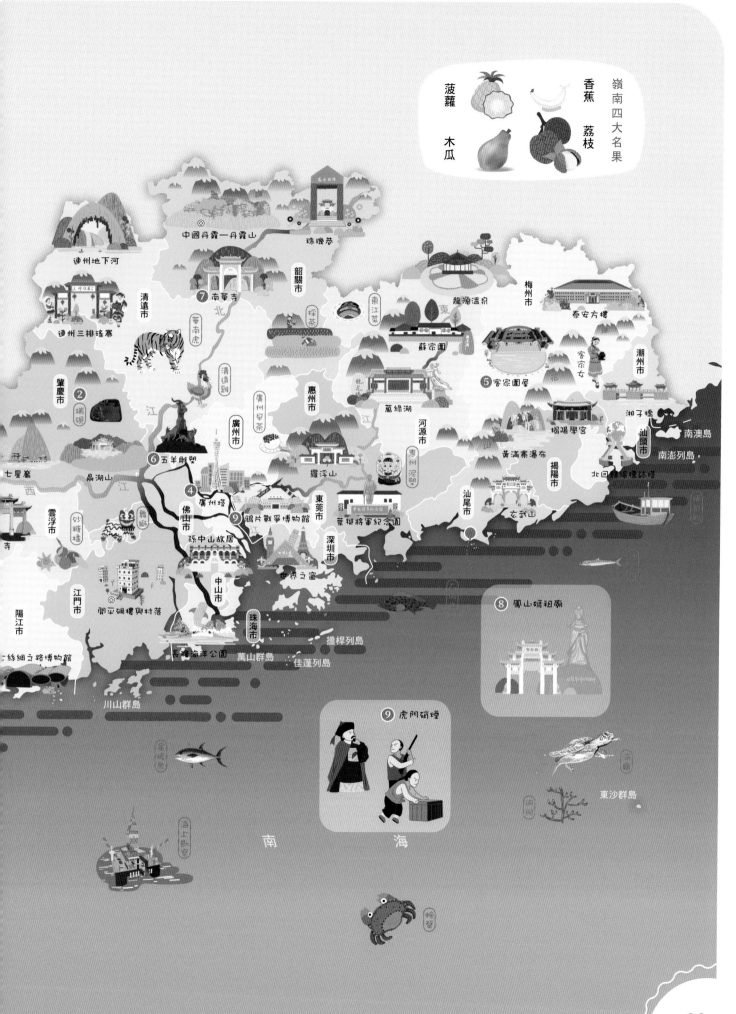

嶺南四大名果

香蕉　荔枝

菠蘿

木瓜

中國丹霞—丹霞山

珠璣巷

連州地下河

清遠市

韶關市

連州三排瑤寨

⑦ 南華寺

東江菜

龍源溫泉

梅州市

泰安方樓

華南虎

潾茶

蘇家圍

客家女

潮州市

肇慶市

② 端硯

清遠雞

惠州市

萬綠湖

河源市

⑤ 客家圍屋

揭陽學宮

湘子橋

汕頭市

七星巖

鼎湖山

廣州早茶

廣州市

⑥ 五羊雕塑

廣州塔

羅浮山

惠州泥塑

黃滿寨瀑布

揭陽市

北回歸線標誌塔

南澳島

南澎列島

雲浮市

砂糖橘

④ 舞獅

佛山市

⑨ 鴉片戰爭博物館

東莞市

汕尾市

玄武山

葉挺將軍紀念園

陽江市

江門市

孫中山故居

深圳市

開平碉樓與村落

中山市

世界之窗

⑧ 鳳山媽祖廟

海上絲綢之路博物館

珠海市

長隆海洋公園

萬山群島

擔桿列島

佳蓮列島

川山群島

⑨ 虎門硝煙

南

海

東沙群島

83

廣西

認識廣西

簡稱：桂　　　　　　　人口：5378 萬人
省會：南寧　　　　　　面積：約 24 萬平方公里
省花：桂花
名片：八桂大地、壯鄉大地、桂林山水
最高點：南嶺貓兒山，2141.5 米

廣西之最

世界最大的巖溶山水：桂林灕江
世界上天坑最多的地方：樂業天坑群
亞洲第一大跨國瀑布：德天瀑布
中國擁有長壽之鄉最多的省區
中國最大的天然海濱浴場：北海銀灘
中國最大的糖業基地

廣西位於中國南部，四周山嶺綿延，中部多為丘陵，喀斯特地貌分佈較廣，千姿百態的峰林、溶洞與回環曲折的地下河相映成趣，靈秀奇絕的桂林山水為其代表。這裏蘊藏着豐富的礦產資源，盛產柑橘、柚子、芒果等水果，被譽為「水果之鄉」。廣西是壯族的主要聚居地，絢麗的壯錦、三月三歌節等具有濃郁的民族風情，神祕的花江巖畫被列為世界文化遺產。

桂林山水

自古享有「桂林山水甲天下」的美譽。一江（灕江）、兩洞（蘆笛巖、七星巖）、三山（獨秀峰、伏波山、疊彩山）是桂林山水的精華所在，以山青、水秀、洞奇、石美「四絕」的喀斯特地貌聞名於世。

喀斯特地貌

自然界中的石灰巖，受到雨水或地下水經年累月的溶蝕，巖層被破壞，在地表和地下形成了石林、溶洞、地下河等地貌，被科學家們稱為「喀斯特」。

象鼻山

桂林山水的象徵，形似一頭巨象臨江汲水，象鼻和象腿之間有圓洞，江水穿洞而過，如明月浮水，構成「象山水月」奇景。

程陽風雨橋

侗族建築的代表，目前保存最好、規模最大的風雨橋。這座橋橫跨林溪河，為木石結構，集橋、廊、亭於一身。整座橋不用一釘一鉚，鑿木相吻，以榫相接，是中國木建築珍品。

壯族

壯族是中國人口最多的少數民族，廣西是壯族的主要聚居地。早在秦漢時期，壯族就居住在嶺南地區。壯族人能歌善舞，勤勞善良，熱情好客，擁有獨特、絢爛的民族文化，從古代持續發展延續至今。

壯錦紋樣——
太陽花紋

壯錦

中國四大名錦之一，是壯族獨創的手工藝品。以棉紗和彩色的絲線織成各種美麗的花紋圖案。壯錦色彩絢麗、織工精巧、圖案別緻、結實耐用。

壯錦紋樣——壽字紋

壯錦紋樣——鳳鳥紋

三月三歌節

每年農曆三月初三是壯族的傳統歌節，又稱「三月三歌節」。屆時壯族同胞們都會身穿節日盛裝，雲集在田間山頭，即興對唱山歌。

劉三姐

廣西民間傳說中的壯族姑娘，聰慧機敏，歌如泉湧，優美動人，被譽為「歌仙」。人們把每年的三月三當成節日來紀念她。

唱山歌，這邊唱來那邊和；山歌好比春江水，不怕灘險彎又多。
——劉三姐歌謠《山歌好比春江水》

廣西

知多點

❶ 樂業天坑

位於中國廣西樂業縣，天坑是典型的喀斯特地貌。四周被刀削似的懸崖絕壁包圍，形成一個巨大的豎井，底部是原始森林。

❷ 德天瀑布

位於中國與越南邊境處的歸春河上游，與越南的板約瀑布相連，落差近 50 米，氣勢磅礴、蔚為壯觀，是亞洲第一、世界第四大跨國瀑布。

❸ 白頭葉猴

國家一級保護動物，頭頂毛冠呈白色，體毛黑色，軀體纖瘦，四肢細長，尾長超過體長。喜歡在樹上棲息，性情機敏，善於攀援。以野果、樹葉、嫩芽等為食。

❹ 甘蔗

製糖的原料，在廣西隨處可見茂密的蔗林。

❺ 龍脊梯田

位於廣西龍勝各族自治縣和平鄉平安村的龍脊山，分佈在海拔 300 米至 1100 米之間，最大坡度達 50 度。梯田從山腳到山頂，小山如螺，大山似塔，層層疊疊，高低錯落，其線條行雲流水，非常壯觀。

❻ 北海珍珠

北海市及附近的合浦、白龍尾等地盛產珍珠。北海珍珠顆粒渾圓，飽滿晶瑩，可用來製作首飾、工藝品，還可以製藥。

❼ 潿洲島

位於北海市北部灣，由火山噴發堆凝而成，是中國地質年齡最年輕的火山島，也是廣西最大的海島。

❽ 靈渠

古代水利工程，又稱「湘桂運河」「興安運河」，是世界上最古老的運河之一，也是目前所知世界上最古老的盤山渠道。

❾ 北海銀灘

因沙灘潔白細膩、泛銀光而得名，有「灘長平、沙細白、水溫淨、浪柔軟、無鯊魚」等特點，被稱為「中國第一灘」。

❿ 灕江

「桂林山水甲天下，陽朔山水甲桂林」。灕江流經陽朔境內 60 多公里，兩岸山水鬼斧神工，有傳說中壯族歌仙劉三姐拋繡球定情的千年古榕，有令人嘆為觀止的蓮花巖、月洞奇觀。

芒果

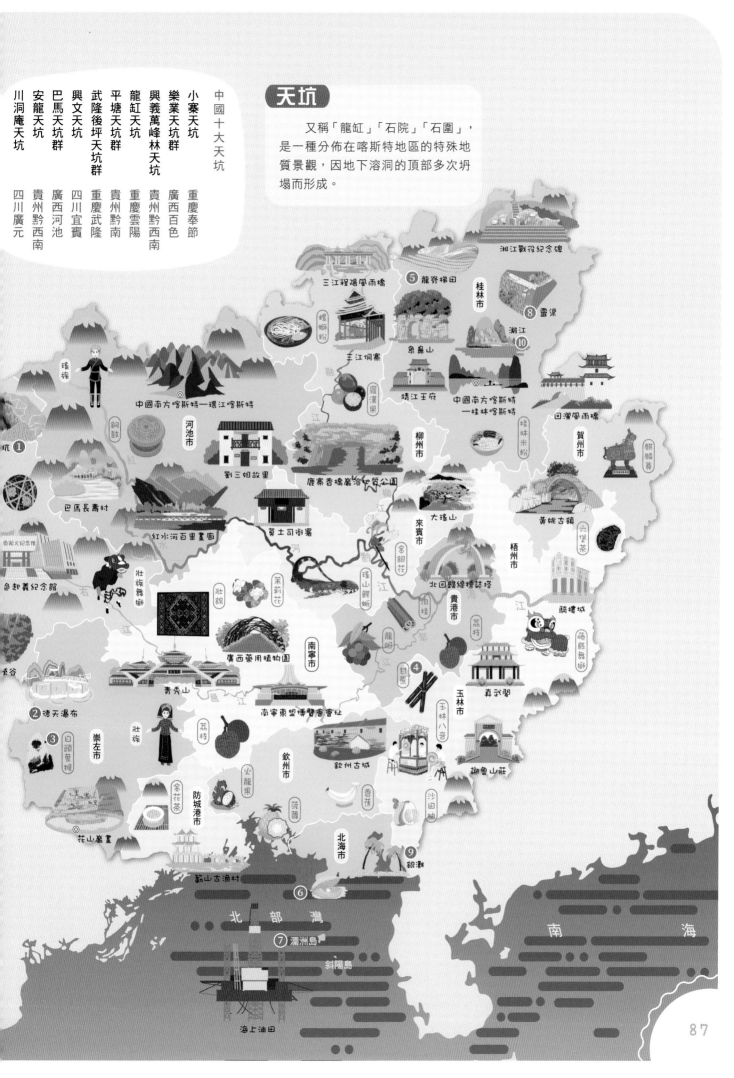

天坑

又稱「龍缸」「石院」「石圍」，是一種分佈在喀斯特地區的特殊地質景觀，因地下溶洞的頂部多次坍塌而形成。

中國十大天坑

小寨天坑	重慶奉節
樂業天坑群	廣西百色
興義萬峰林天坑	貴州黔西南
龍缸天坑	重慶雲陽
平塘天坑群	貴州黔南
武隆後坪天坑群	重慶武隆
興文天坑	四川宜賓
巴馬天坑群	廣西河池
安龍天坑	貴州黔西南
川洞庵天坑	四川廣元

湘江戰役紀念碑

三江程陽風雨橋

螺螄粉

⑤ 龍脊梯田

桂林市

⑧ 靈渠

三江侗寨

羅漢果

灕江 ⑩

象鼻山

靖江王府

瑤族

中國南方喀斯特—環江喀斯特

銅鼓

河池市

柳州市

中國南方喀斯特
—桂林喀斯特

桂林米粉

回瀾風雨橋

賀州市

麒麟尊

黃姚古鎮

六堡茶

坑 ①

巴馬長壽村

劉三姐故里

大瑤山

鹿寨香橋巖溶地質公園

起義紀念館

壯族舞獅

紅水河百里畫廊

莫土司衙署

來賓市

金銀花

瑤山鱉

肉桂

北回歸線標誌塔

貴港市

騎樓城

藤縣舞獅

天谷

壯錦

茉莉花

龍眼

荔枝

② 德天瀑布

廣西藥用植物園

南寧市

甘蔗 ④

玉林市

玉林八音

真武閣

③ 白頭葉猴

青秀山

崇左市

壯族

荔枝

南寧東盟博覽會址

欽州市

欽州古城

謝魯山莊

花山巖畫

金花茶

火龍果

防城港市

菠蘿

香蕉

沙田柚

北海市

⑨ 銀灘

簕山古漁村

⑥

北　部　灣

南　海

⑦ 潿洲島

斜陽島

海上油田

海南

認識海南

簡稱：瓊　　　　　人口：902 萬人
省會：海口　　　　面積：約 3.4 萬平方公里
省樹：椰子樹
名片：椰島、長壽島、百果園、東方夏威夷、南海明珠
中國最南點：曾母暗沙
最高點：五指山第二峰，1867 米

海南之最

世界最大的觀音像：南山海上觀音像

中國面積最大、產量最多的橡膠生產基地

海南省位於中國最南端，包括海南島和西沙、南沙、中沙群島的島礁及其領海。海南島是中國第二大島，中部的五指山因五峰聳立、形似五指而得名。山區周圍聚居着黎族和苗族人。海南島是「熱帶寶地」，生長着許多珍貴的木材、藤類，棲息着珍稀的動物。橡膠產量佔全國的 60% 左右，還有劍麻、咖啡、椰子、菠蘿等熱帶作物。南海諸島附近不僅水產豐富，盛產石斑魚、海魚、龍蝦等，還蘊藏着豐富的資源，如石油、天然氣等。熱帶紅樹林海岸和珊瑚礁海岸風姿獨具。這裏四季如春、鮮花盛開、海清沙幼、瓜果飄香，具有獨特的魅力。

天涯海角

位於海南島最南端的三亞市，奇石磊磊，雪浪翻天，水天一色。「天涯石」「海角石」「日月石」和「南天一柱」等大小百塊巨石聳立，上有眾多石刻，為海南一絕。古時候，因交通閉塞，來到這裏的人以為是到了天之邊緣、海之盡頭，所以在石頭上刻下「天涯」「海角」的字樣。

黎族

中國嶺南少數民族之一，主要聚居在海南省中南部。黎族婦女精於紡織，織出的黎錦、黎單聞名於世。宋末元初的紡織家黃道婆曾在海南島居住多年，向黎族婦女學習紡織技術。黎族是能歌善舞的民族，每年的農曆三月三是黎族最盛大的傳統節日，人們身着盛裝，載歌載舞，歡度節日。

黎族傳統房屋很有特色，牆是用竹木紮架出輪廓，再在屋頂上覆蓋茅草。一般有船形屋和金字形屋兩種造型。黎族村寨大多依山傍水，建在山坡上，一幢幢、一排排房屋整齊有序。

金字形屋

船形屋

黎錦

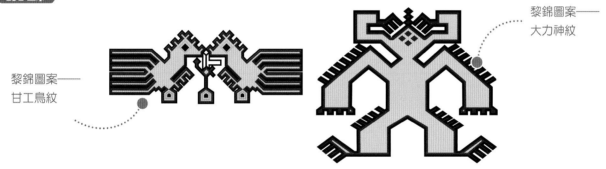

黎錦圖案——
大力神紋

黎錦圖案——
甘工鳥紋

橡膠

海南島是中國橡膠的主要生產基地。橡膠一詞來源於印第安語，意為「流淚的樹」。橡膠樹割膠時流出的膠乳凝固，乾燥後可製成天然橡膠。橡膠是一種有彈性、絕緣、不透水和空氣的材料，可以用來製造輪胎、膠管、膠帶等，在生活中的應用非常廣泛。

想一想
小朋友們，在我們的生活中，有哪些用品是橡膠製成的呢？

細看地圖 海南

知多點

❶ 霸王嶺自然保護區

中國唯一保護長臂猿及其生存環境的國家級自然保護區。保護區內古木參天，熱帶生物資源極其豐富。有巨蜥、雲豹、黑熊等多種珍稀動物，以及熱帶蘭花、山石榴、山竹子等珍貴植物。

❷ 南山海上觀音

高 108 米，是世界上最大的觀音像。三面觀音為一體，正面手持經篋，右面手持蓮花，左面手持念珠。

❸ 千年古鹽田

這裏最早改變「煮海為鹽」的做法，採用日曬製鹽。古鹽田至今保存着完好的原始民間製鹽工序。

❹ 亞龍灣

月牙形海灣，擁有約 7 公里長的銀白色海灘，沙灘綿軟細膩，海水潔淨透明，有種類豐富的珊瑚，色彩繽紛、形態各異的熱帶魚，被譽為「天下第一灣」。

❺ 五指山

海南省第一高山，因峰巒起伏形似五指而得名。這裏有着優美的山水風光，遍佈熱帶林木和野生動物。聚居着黎族等少數民族。

❻ 海瑞

明朝著名清官，屢平冤假錯案，打擊貪官污吏，百姓稱其為「南海青天」。

❼ 文昌衛星發射中心

中國首個濱海發射基地，是世界上為數不多的低緯度發射場之一。可以發射長征五號系列火箭與長征七號運載火箭。

❽ 博鰲

位於萬泉河入海口，有着豐富的漁業資源和美麗的海濱風光，是國際會議組織——博鰲亞洲論壇永久性會址所在地。

北

瓊　州　海　峽

南　海

木蘭燈塔

永興荔枝

海口市

海瑞 ⑥

石山火山群

福山咖啡文化館

百仞灘

蘇東坡

儋田

儋州市

芒果

屯昌黑猪

見龍塔

定安母瑞山革命紀念園

文昌衛星發射中心 ⑦

火龍果

紅色娘子軍紀念園

斜色娘子軍

聚奎塔

博鰲亞洲論壇永久會址 ⑧

儋陽樓

銀嶺山洞探險區

白沙隕石坑

百花嶺橋

瓊中綠橙

七洲列島

南　海　洋

椰子

東郊椰林

海星

番茅黎寨

黎族服飾

五指山 ⑤

香蕉

東山嶺

興隆熱帶植物園

毛公山

三亞市

檳榔谷

南灣猴島

海月

海貝

天涯海角

陵水灣

亞龍灣

鹿回頭 ④

石狗魚

海南島

西沙群島

永興島

中沙群島

黃岩島

三沙市

甘泉島唐宋居住遺址

南沙群島

曾母暗沙

南　海

海南省全圖

91

重慶

認識重慶

簡稱：渝　　　　　　　　人口：3343 萬人

面積：約 8.2 萬平方公里　　市花：山茶花

名片：山城、江城、霧都、天府之國

最高點：陰條嶺，2797 米

重慶之最

世界上最長的暗河：龍橋暗河

世界上最大的天坑：奉節小寨天坑

世界上最大的桌山：川河蓋

重慶市位於長江和嘉陵江交匯處，以「江城」聞名。四面環山，依山而建，城在山上，山在城中，有「山城」之名。冬春多濃霧，被稱為「霧都」。又因春夏之交夜雨尤甚，素有「巴山夜雨」之說。重慶境內自然人文景觀眾多，擁有舉世聞名的長江三峽、烏江千里畫廊、「川東小峨眉」縉雲山、世界文化遺產大足石刻等名勝。土家族吊腳樓和擺手舞具有濃郁的民族風情。這裏還是巴渝文化的發祥地，詩仙李白、詩聖杜甫都曾旅居於此，留下不朽的詩篇。重慶特色美食風味獨特，重慶火鍋聞名全國。

早發白帝城
唐代 李白

朝辭白帝彩雲間，
千里江陵一日還。
兩岸猿聲啼不住，
輕舟已過萬重山。

白帝城

位於重慶奉節縣的一座歷史悠久的古城。白帝城背倚高峽，前臨長江，風景如畫，古蹟眾多。三國時，蜀主劉備在此託孤丞相諸葛亮。詩仙李白就是從這裏出發，遊覽三峽山水，留下了千古名篇《早發白帝城》。

白帝城託孤

三國時蜀主劉備舉兵伐吳，兵敗退守白帝城後一病不起，臨終前託付諸葛亮輔佐兒子劉禪。

大足石刻

位於大足地區的險峻山崖上，創於晚唐，盛於兩宋，以佛教造像為主，還有儒家、道教造像。大足石刻內容豐富，造型精美，技藝精湛。從世俗到宗教，鮮明地反映了當時中國的日常社會生活，以及佛教、道教和儒家思想和諧相處的局面。

長江三峽

長江經重慶浩蕩東去，從重慶奉節白帝城到湖北宜昌南津關，景色雄奇險秀。江水劈開夔門，切穿巫山山脈，穿越懸崖絕壁，闖過險灘，迂迴曲折，奔騰出南津關，一瀉千里，氣勢雄渾。形成瞿塘峽、巫峽、西陵峽三段大峽谷，總稱「長江三峽」。白帝城、石寶寨、張飛廟、神女峰分佈其間。唐詩中有許多描寫三峽風光的千古絕唱。

長江三峽示意圖

大寧河

香溪河

白帝城

奉節

巫山

雲陽

巫峽

巴東

長　江

瞿塘峽

三峽大壩

萬州

西陵峽

秭歸

宜昌

三峽中最短的一個峽，以雄偉險峻著稱

以巫山得名，在三峽中景色最為幽深秀麗

特色美食

重慶火鍋

起源於明末清初嘉陵江畔、朝天門一帶。重慶火鍋的魅力不僅在於味道獨特，更重要的是它的麻度、辣度和熱度給人強烈的震撼。親朋好友圍坐在熱氣騰騰的火鍋旁，大快朵頤又大汗淋漓，感覺非常爽快。

重慶

巫山十二峰示意

720米 740米 74...

起雲峰　翠屏峰　飛...

820米　840米

朝雲峰　集仙峰

知多點

❶ 縉雲山

位於嘉陵江畔，古稱「巴山」，李商隱的《夜雨寄北》使「巴山夜雨」天下聞名，是觀日出、覽雲海、夏避暑、冬賞霧，以及觀賞常綠闊葉林自然景觀的絕佳去處。

❷ 朝天門

位於長江和嘉陵江的交匯處，是重慶伸向兩江的「舌頭尖」。碧綠的嘉陵江水與褐黃色的長江水激流撞擊，清濁分明，形成「夾馬水」景觀。朝天門曾是歷代官接皇帝聖旨的地方。現在人們在朝天門碼頭乘坐遊輪，可以遊覽重慶南岸的美景及壯麗的長江三峽。

❸ 萬盛石林

中國第二大石林，也是中國最古老的石林，被喻為「石林之祖」。集山、水、林、石、洞為一體，群峰壁立，怪石嶙峋，流泉飛瀑，形態萬千。有石塔、石鼓、石芽等造型。

❹ 芙蓉洞

主洞長 2700 米，洞內五彩斑斕，曲折幽深，彷彿一座輝煌的地下宮殿。鐘乳石數量龐大，千姿百態，有金鑾寶殿、雷峰寶塔、玉柱擎天、玉林瓊花、犬牙晶花、動物王國、海底龍宮、巨幕飛瀑、石田珍珠、珊瑚瑤池等造型。

❺ 磁器口古鎮

位於嘉陵江畔的古鎮，始建於宋代。因明清時期製作和運輸瓷器而得名。「一條石板路，千年磁器口」是古鎮的寫照。

❻ 石寶寨

世界八大奇異建築之一，始建於明萬曆年間，塔樓倚玉印山修建，依山聳勢，飛簷展翼，造型奇異。整個建築由寨門、寨身、閣樓組成，共 12 層，全部為木質結構。

❼ 巫山

位於湖北、重慶、湖南交界處的連綿群峰，地處長江三峽的腹心，擁有巫峽和瞿塘峽。巫山的自然風光獨具，著名的「巫山十二峰」屏列大江南北，以神女峰最為秀麗。唐代詩人元稹的「曾經滄海難為水，除卻巫山不是雲」，使巫山神韻千古傳誦。

❽ 烏江畫廊

烏江發源於貴州烏蒙山，流經重慶酉陽、彭水、武隆等地，至涪陵匯入長江。以流經酉陽、彭水的河段風光最為奇異，奇山怪石、碧水險灘、古鎮廊橋，擁有「千里烏江，百里畫廊」的美譽。

潼南油菜花　合川區

大佛寺

潼南區　安居古鎮

銅梁區

大足石刻

大足區

榮昌區　璧山區

茶山竹海

永川區

桐睁魚

夜雨寄北
唐代 李商隱
君問歸期未有期，
巴山夜雨漲秋池。
何當共剪西窗燭，
卻話巴山夜雨時。

820米　820米
北岸
長江
南岸
聚鶴峰　松巒峰

1020米　1130米
北岸
長江
南岸
泉峰　淨壇峰　登龍峰

大巴山
城口縣
紅池壩
夏冰洞
巫溪縣
大寧河
巫山縣 ⑦
仙女洞
雲陽縣
開州區
劉伯承
張飛廟
白帝城
奉節縣
瞿塘峽
巫峽
梁平區
梁平柚
萬州大瀑布
萬州區
龍缸
天坑地縫
潭獞峽
墊江牡丹
墊江縣
忠縣
⑥ 石寶寨
土家吊腳樓
石柱土家族自治縣
土家族村寨

⑨ 川江號子

川江船工們為統一動作和節奏，由號工領唱，眾船工幫腔、合唱的一種民間歌唱形式。代表曲目有《十八扯》《大斑鳩》《小斑鳩》等。

北碚區
渝北區
川江號子 ⑨
朝天門
江北區
重慶市
南岸區
巴南區
柑橘
白鰱
長壽區
達氏鱘
豐都縣
豐都鬼城
涪陵榨菜
涪陵區
武陵山大裂谷
武隆區
土家族
彭水苗族土家族自治縣
小南海
黔江區
神龜峽
酉陽桃花源
南川區
中國南方喀斯特—武隆
④ 芙蓉洞
阿依河漂流
鞍子苗寨
龔灘古鎮
酉陽土家族苗族自治縣
③ 萬盛石林
中國南方喀斯特—金佛山
花戲
花壩
⑧ 烏江畫廊
南腰界紅三軍司令部舊址
洪安邊城
秀山土家族苗族自治縣
川河蓋

四川

認識四川

簡稱：川、蜀　　　　人口：9097 萬人

省會：成都　　　　　面積：約 49 萬平方公里

名片：天府之國、川渝大地、巴蜀之地

最高點：貢嘎山，7556 米

四川古稱「巴蜀」，地處中國西南腹地，長江上游。境內東部是人口稠密、豐饒富庶的四川盆地，西部是雪峰起伏、人煙稀少的青藏高原延伸段。四川歷史悠久、人傑地靈，物產富饒、山川秀美，享有「天府之國」的美譽。擁有峨眉山、青城山、九寨溝、黃龍等綺麗的自然風光，樂山大佛、都江堰、三星堆等名勝古蹟蜚聲中外。民族風情濃郁多姿，多種文化交相輝映。川菜以麻辣鮮香聞名天下。

海南之最

世界迄今在使用的最古老的水利工程：都江堰

世界最大的石刻彌勒佛坐像：樂山大佛

世界最大的大熊貓保護區：臥龍大熊貓自然保護區

峨眉山月歌　唐代 李白

峨眉山月半輪秋，
影入平羌江水流。
夜發清溪向三峽，
思君不見下渝州。

峨眉山

峨眉山是中國佛教四大名山之一，也是著名的普賢菩薩道場。峨眉山風光雄奇秀麗，群峰疊翠，絕壁萬仞，素有「峨眉天下秀」的美稱。最高峰金頂海拔 3079.3 米，山上有雲海、日出、佛光等奇觀，景色變幻莫測，令人心馳神往。

峨眉山報國寺

峨眉山萬年寺

峨眉山伏虎寺

大熊貓

憨態可掬的大熊貓體色黑白相間，有着圓圓的臉頰，大大的黑眼圈，胖嘟嘟的身體，走起路來慢吞吞。牠們在地球上生存了至少 800 萬年，是中國特有的珍稀動物，被譽為「活化石」和「中國國寶」。現存大熊貓主要棲息在四川、陝西和甘肅的山區。四川臥龍自然保護區是保護大熊貓及其他珍稀動植物的家園，有 100 多隻大熊貓生活在這裏。

大熊貓的食性奇特有趣，幾乎完全靠吃竹子為生，每天都需要花費將近一半的時間來進食。

九寨溝

因九個藏族村寨坐落在這片高山湖泊群而得名。兼具雪山、湖泊、瀑布和森林之美，大多數景點集中在「Y」字形的三條主溝，即日則溝、樹正溝、則查窪溝。九寨溝是無與倫比的人間仙境，有巍峨挺拔的雪峰，碧藍澄淨的湖泊，飛珠碎玉的瀑布，五彩斑斕的森林，以及獨具特色的藏族風情。

川劇

中國傳統戲曲劇種之一，融歌舞、戲劇、雜技於一體。由高腔、胡琴、崑腔、燈戲、彈戲五種聲腔組成。高腔是川劇的主要演唱形式，樂曲豐富，唱腔動人。表演藝術精湛，神形兼備。語言生動活潑，幽默風趣，富有濃郁的地方特色。「變臉」「噴火」「水袖」是川劇獨具特色的表演特技。

川劇變臉

變臉是川劇表演的特技之一，通過變換臉譜來揭示劇中人物的內心和思想感情。主要有抹臉、吹臉、扯臉三種變臉方法。

特色美食

麻婆豆腐

川菜

中國八大菜系之一，講究調味，以麻辣著稱，「一菜一格，百菜百味」，味道變化無窮。有「吃在中國，味在四川」的聲名。川菜名菜有宮保雞丁、麻婆豆腐、魚香肉絲等。

細看地圖 四川

❶ 黃龍

　　壯觀的地表鈣華（碳酸鈣沉積物）蜿蜒流於原始林海和石山冰峰之間，如同一條金色巨龍，故而得名。有彩池、雪山、峽谷、森林「四絕」，是中國唯一保護完好的高原濕地。

❷ 瀘沽湖

　　天然淡水湖，風光旖旎秀美，被譽為「高原明珠」。此地民俗盛行男不婚、女不嫁的阿夏婚，被稱為「神奇的東方女兒國」。

❸ 杜甫草堂

　　位於成都市西郊浣花溪畔，是唐代大詩人杜甫在飽經離亂後的一處安身之所。他在這裏居住了將近四年，寓居交遊，賦詩題畫，精彩之作層出不窮，如《春夜喜雨》《江畔獨步尋花》《蜀相》《茅屋為秋風所破歌》等。

❹ 蜀南竹海

　　面積約 120 平方公里的茂密竹林，連片成「海」，四季青翠，為國內外所罕見。

❺ 李白

　　字太白，號青蓮居士，又號「謫仙人」，唐代偉大的浪漫主義詩人，被後人譽為「詩仙」，為人爽朗大方，愛飲酒作詩，喜歡結交朋友，留有許多膾炙人口的詩篇。

❻ 樂山大佛

　　雕鑿於岷江、青衣江和大渡河匯流處的崖壁上，開鑿於唐代，通高 71 米，是世界上最大的摩崖石刻彌勒佛坐像。大佛體態勻稱，神情肅穆，頭與山齊，腳踏大江，構成了「山是一尊佛，佛是一座山」的宏偉氣勢。

❼ 劍門關

　　三國蜀漢丞相諸葛亮在劍門山依崖砌石為門，故名劍門關。在懸崖絕壁上架橋閣，為劍閣。劍門關雄奇險峻，是古蜀道的咽喉，為歷代兵家必爭之地，有「劍門天下險」之說。

❽ 三星堆古遺址

　　四川境內範圍最大、延續時間最長、文化內涵最豐富的古蜀文化遺址。遺址文化距今 5000 至 3000 年，出土了大量青銅器、金器、玉石器等稀世珍寶。

❾ 青城山－都江堰

　　青城山是道教文化發祥地之一，山內古木參天，青峰疊翠，四季如春。因景致優美、人文古蹟眾多，有「青城天下幽」之說。

　　都江堰臨近青城山，是戰國時期蜀郡太守李冰父子主持修建的水利工程，2000 多年來一直發揮着防洪灌溉的作用，使成都平原成為水旱從人、沃野千里的「天府之國」。

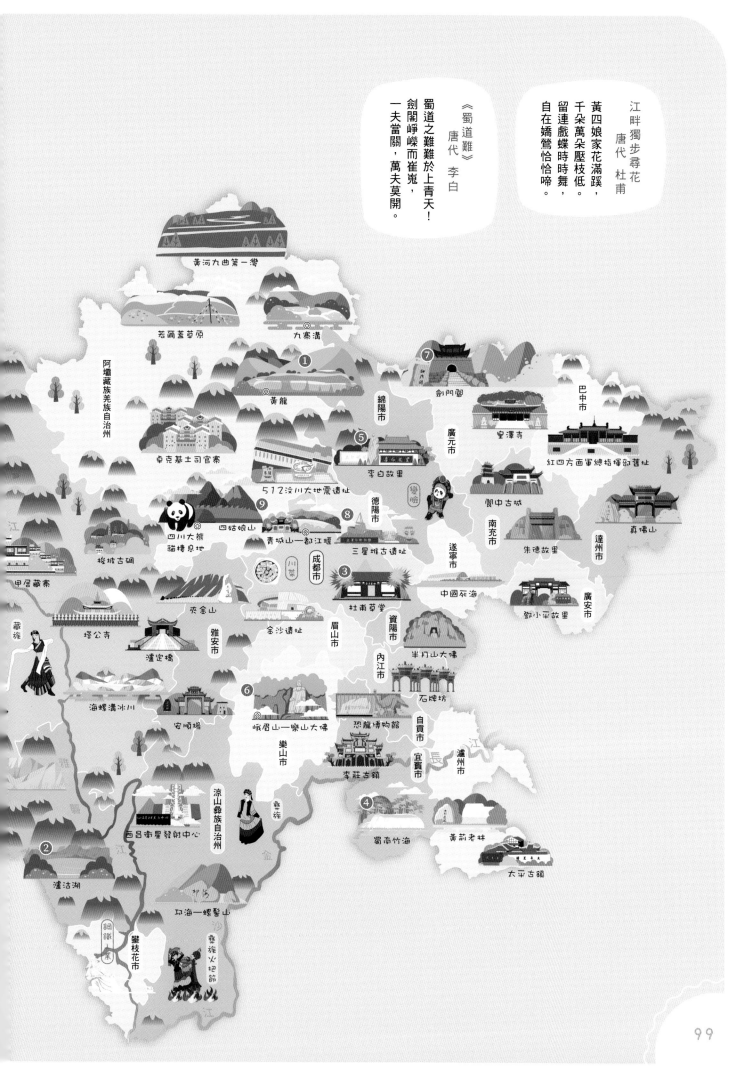

江畔獨步尋花
唐代 杜甫

黃四娘家花滿蹊，
千朵萬朵壓枝低。
留連戲蝶時時舞，
自在嬌鶯恰恰啼。

《蜀道難》
唐代 李白

蜀道之難難於上青天！
劍閣崢嶸而崔嵬，
一夫當關，萬夫莫開。

黃河九曲第一灣

若爾蓋草原

九寨溝

① 黃龍

阿壩藏族羌族自治州

卓克基土司官寨

512汶川大地震遺址

⑤ 李白故里

綿陽市

劍門關 ⑦

變臉

皇澤寺

巴中市

紅四方面軍總指揮部舊址

廣元市

閬中古城

⑨ 四姑娘山

四川大熊貓棲息地

⑧ 青城山一都江堰

三星堆古遺址

德陽市

南充市

朱德故里

達州市

真佛山

梭坡古碉

甲居藏寨

藏族

塔公寺

夾金山

金沙遺址

川菜

成都市

③ 杜甫草堂

遂寧市

中國死海

鄧小平故里

廣安市

瀘定橋

雅安市

眉山市

資陽市

內江市

半月山大佛

海螺溝冰川

安順場

⑥ 峨眉山一樂山大佛

樂山市

恐龍博物館

石牌坊

自貢市

宜賓市

瀘州市

長江

涼山彝族自治州

西昌衛星發射中心

彝族

李莊古鎮

④ 蜀南竹海

黃荊老林

太平古鎮

② 瀘沽湖

邛海一螺髻山

金沙

鋼鐵

攀枝花市

彝族火把節

地方概述 貴州

認識貴州

簡稱：黔、貴　　　　人口：4134 萬人
省會：貴陽　　　　　面積：約 18 萬平方公里
省花：杜鵑
名片：黔貴大地、中國酒都、夜郎國
最高點：韭菜坪，2900 米

貴州之最

世界最大口徑望遠鏡：平塘天眼
亞洲最大的瀑布：黃果樹瀑布
全國面積最大、發育最壯觀的丹霞地貌：赤水丹霞

　　貴州地處雲貴高原東部，長江和珠江兩大水系的分水嶺地帶。氣候溫暖濕潤，冬暖夏涼，十分宜居。境內以山地居多，巖溶地貌裸露，河谷深切，有「八山一水一分田」之說。貴州有以溶洞、石林、瀑布為特色的奇山秀水，是苗族、布依族、侗族等少數民族的主要聚居地，有着多彩多姿的民族風情。以遵義會議會址為代表的紅色文化勝跡聞名全國。

黃果樹瀑布

　　中國第一大瀑布，以水勢浩大、雄奇壯闊著稱。瀑布寬 101 米，高 77.8 米，從懸崖直瀉犀牛潭，發出轟然巨響，數公里之外能聞其聲。瀑布後的巖壁上有凹入的溶洞，因飛瀑掛前，稱為「水簾洞」。黃果樹瀑布因明代旅行家徐霞客的遊歷和傳播成為知名景點。

梵淨山

　　武陵山脈的主峰，擁有怪石、奇樹、天風、雲海、佛光等景觀。因優良的生態環境被譽為「地球和人類之寶」，被列為世界自然遺產。梵淨山是珍禽異獸的樂園，生活着黔金絲猴、大鯢等動物。還是著名的佛教聖地，護國寺、鎮國寺等寺院林立。

黔金絲猴

中國一級重點保護動物，世界瀕危物種之一。僅分佈在梵淨山，數量稀少，被科學家稱為「世界獨生子」。體型近似川金絲猴而稍小，臉部為灰白或淺藍色。

荔波樟江

以豐富多樣的喀斯特地貌、綺麗多姿的水景為特色，集瀑布、激流、暗河、清江、峽谷、溶洞、湖泊、森林為一體。景區內峰巒疊嶂，溪流縱橫，植被茂密，珍稀動植物種類繁多。包括小七孔、大七孔、水春河峽谷及樟江風光帶，以小七孔的景色最為秀美。

大鯢
世界上現存最大、最珍貴的兩棲動物。叫聲像幼兒的哭聲，因此得名「娃娃魚」。體形大而扁平，四肢粗短，體表光滑濕潤。

苗族

主要聚居在貴州、湖南、雲南等地。苗族有自己的語言，音樂舞蹈歷史悠久，以蘆笙舞最為流行。苗族的刺繡、蠟染、首飾製作等工藝瑰麗多彩，在國內外享有盛名。苗族的傳統節日較多，如四月八、龍舟節等。

蘆笙盛會
蘆笙是深受苗族人民喜愛的樂器，由幾十人甚至上百人組成的蘆笙樂隊，吹奏明快悅耳的樂曲，盛裝打扮的苗族姑娘們踏着拍節翩翩起舞。每逢喜慶佳節，貴州東南部都會舉行蘆笙盛會。

苗族蠟染

西江千戶苗寨

層層疊疊的吊腳樓依山傍水而建，是中國最大的苗族聚居村寨，有「苗都」之稱，是研究苗族歷史、文化的活化石。有遠近聞名的銀匠村。

貴州

知多點

❶ 烏蒙山

烏蒙山平均海拔約 2400 米，群山起伏，逶迤連綿。舉世聞名的紅軍二萬五千里長征就曾經過這裏，毛澤東在《長征》詩中寫下「烏蒙磅礴走泥丸」的詩句。

❷ 織金洞

洞長約 6.6 公里，最寬處 175 米，洞內遍佈石柱、石筍、石芽，巖溶景觀千姿百態，是中國目前發現的規模最宏大的溶洞，被稱為「巖溶博物館」。

❸ 甲秀樓

位於南明河中的一塊巨石之上，始建於明代。上下三層，白石為欄，層層收進，朱樑碧瓦，四周水光山色，堪稱甲秀。南明河從樓前緩緩流過，樓側由石拱橋連接兩岸。

❹ 赤水丹霞

赤水河是長江上游支流，沿河兩岸山高水清，多陡峭懸崖，險灘急流，境內有 1000 多平方公里的丹霞地貌。毛澤東曾指揮紅軍四渡赤水。

❺ 平塘天眼

位於黔南州平塘縣的大窩凼，是中國自主研發建成的世界上最大的單口徑射電望遠鏡，口徑為 500 米，佔地約 30 個足球場大小，用於接收來自宇宙其他天體發射的射電信號。

❻ 布依族

主要聚居於貴州南部，由古代百越人演變而來。布依族以農業為主，種植水稻的歷史悠久，布依族的土布技藝久負盛名。布依族豪爽好客，喜歡以花糯米飯、酒待客。

❼ 青巖古鎮

青巖與鎮遠、丙安、隆里並稱貴州四大古鎮，建於明代，因附近多青色的巖峰而得名。古鎮保留了濃郁的南方古民居風韻，明清古建築交錯密佈，雕樑畫棟，飛角重檐相間。

❽ 三寶侗寨

由大小不一的寨子連成，分上、中、下寶寨，是全國侗族人口居住最密集的地區。侗寨中矗立着許多鼓樓，形似寶塔，雄偉壯觀，是侗族特有的建築，通常在這裏舉行重大活動。

④ 中國丹霞—赤水丹霞

四渡赤水紀念館

婁山關

⊚ 海龍屯土司遺址

遵義市

椒椒豆乾

遵義會議舊址

羊肉粉

黔金絲猴

寨溪雨

銅仁市

⊚ 梵淨山

大鯢

大明邊城

大方臭豆腐

刺梨

畢節市

茅台酒

百里杜鵑

貴陽市

老乾媽

酸湯魚

③ 甲秀樓

絲娃娃

黔南布依族苗族自治州

勺勻太師餅

中國南方喀斯特—施秉喀斯特

鎮遠古城

黔東南烤乳豬

西江千戶苗寨

黔東南苗族侗族自治州

風雨橋

⑨ 侗族大歌

苗族

② 織金洞

中堡面具

⑦ 青巖古鎮

蠟染

都勻斗篷山

獨山鹽酸菜

⑧ 車江三寶侗寨

黃果樹瀑布

安順市

安順安酒

布依族

羅甸臍橙

⑤ 平塘天眼

荔波漳江

苗族服飾

四道拐

黔西南布依族苗族自治州

布依銅鼓

北盤河大峽谷

中國南方喀斯特—荔波喀斯特

⑨ **侗族大歌**

　　侗族地區一種多聲部、無指揮、無伴奏、自然和聲的民間合唱形式，歌者要有驚人的記憶力和豐富的表情。被列為人類非物質文化遺產。

雲南

認識雲南

簡稱：滇、雲　　　　人口：4576 萬人

省會：昆明　　　　　面積：約 39 萬平方公里

省花：山茶花

名片：七彩雲南、動植物王國、鮮花之地

最高點：梅里雪山卡格博峰，6740 米

雲南之最

世界最古老的脊索動物化石：澄江蟲化石

世界恐龍化石最多的地方：祿豐

世界最大的自然天成花海：羅平花海

中國熱泉最集中的地方：騰沖熱海

世界最古老的茶樹生長地

中國咖啡產量第一

雲南位於中國西南邊疆，這裏地形複雜多樣，資源豐富。有蒼山、洱海、三江並流、石林、大理古城、麗江古城等舉世聞名的景觀。雲南是人類重要的發祥地之一，還是中國世居少數民族最多的省份，傣族的「潑水節」、彝族的「火把節」等節日都展現了濃郁的民族風情。雲南有着「動植物王國」的美譽，西雙版納熱帶原始森林是野象、孔雀、巨蟒等珍禽異獸的家園。

路南石林

石林群峰萬仞、奇石林立，就像一座巖石組成的森林。是世界上最高的單體喀斯特地質奇觀，被譽為「天下第一奇觀」「石林博物館」。廣為人知的阿詩瑪的故事就發源於這裏。

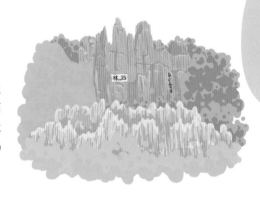

阿詩瑪

美麗聰穎的阿詩瑪為了愛情與強權抗爭，反映了彝族撒尼人「斷得彎不得」的民族性格和精神。

茶馬古道

指中國西南地區，以馬幫為主要交通工具的民間國際商貿通道，是中國西南地區經濟文化交流的走廊。

源於古代西南邊疆的茶馬互市，興於唐宋，盛於明清。主要有青藏線、滇藏線和川藏線三條線路。

過橋米線

雲南最負盛名的美味小吃，由米線、湯和佐料組成，用料考究，鮮美可口。

雲南的少數民族

　　雲南自古以來就是眾多民族生息繁衍之地，全國 56 個民族中有 52 個民族生活在雲南。其中人口在 5000 人以上的民族有 26 個，除漢族外，還有彝族、白族、哈尼族、壯族、傣族、苗族、納西族等。

主要聚居在雲南大理，有自己的語言和文字。在藝術方面獨樹一幟，其建築、雕刻、繪畫藝術名揚中外。

主要聚居在雲南西雙版納、德宏等地。傣族視孔雀、大象為吉祥物，喜歡依水而居，愛潔淨、常沐浴。

雲南少數民族中人口最多的一個民族。在民間文學、音樂舞蹈及天文曆法等方面成就斐然。最盛大的節日是「火把節」。

彝族
苗族
白族
傣族

西雙版納

　　在傣語裏的意思是「理想而神奇的樂土」。這裏氣候溫暖濕潤，樹木高大茂密，許多珍禽異獸，如亞洲象、犀鳥、孔雀、黑冠長臂猿等都生活在這裏。西雙版納有中國唯一的熱帶雨林自然保護區，同時也以少數民族風情聞名於世。

傣族潑水節

雲南傣族傳統節日，在每年四月中旬舉行。節日裏，大家不論是否相識，都可以相互潑水，大街小巷處處都是水戰的熱鬧場面。入夜，村寨鼓樂相聞，人們縱情歌舞，熱鬧非凡。

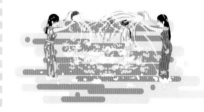

特色美食

普洱茶

　　雲南西雙版納、臨滄、普洱等地區獨有大葉種茶樹所產的茶。普洱茶茶湯橙黃濃厚，香氣持久，香型獨特，滋味濃醇，經久耐泡。

雲南

知多點

❶ 三江並流

發源於青藏高原的金沙江、瀾滄江和怒江,由於受橫斷山脈地形的影響,在雲南境內並行奔流 170 多公里,形成「江水並流而不交匯」的奇特景觀。

❷ 騰沖熱海

騰沖以壯觀的火山地貌和熱泉著稱。80 多處熱泉遍佈噴湧,其中大滾鍋深約 1.5 米,水溫將近 100 攝氏度,可以煮食物。

❸ 點蒼山

又稱「蒼山」,由 19 座山峰組成,山頂終年白雪皚皚。每兩峰之間都有一條溪水奔瀉而下流入洱海。

❹ 大理古城

始建於明洪武十五年(1382年),東臨洱海,西依點蒼山,城樓雄偉壯闊。城內隨處可見古色古香的白族民居,街街流水,戶戶養花。

❺ 洱海

位於大理市,湖的形狀像一彎新月,自古以來以月景聞名。

❻ 滇池

又稱「昆明湖」,雲南省最大的淡水湖,有「高原明珠」之稱。

❼ 麗江古城

位於玉龍雪山腳下,是納西族聚居的地方。至今已有近 800 年歷史。青石板路、庭院老宅、小橋流水,古樸又具有民族特色。

❽ 虎跳峽

世界上最深的峽谷之一。位於金沙江上游,蜿蜒 25 公里。江流最窄處僅 30 餘米,以山高谷深、雄奇險峻聞名於世。

❾ 東巴文化

納西族創造的文化,包括東巴文、東巴經、東巴洞經音樂等。東巴文是目前世界上唯一還存活的象形文字。

❿ 玉龍雪山

納西族的神山,是北半球最接近赤道的終年積雪的山峰,主峰扇子陡最高處海拔 5596 米,冰川、峽谷、泉瀑、草甸構成了壯麗的景觀。

⓫ 元謀人

中國目前已知最早的遠古居民,生活在距今 170 萬年前,因發現地點在雲南元謀縣而得名。元謀人是能製造工具並使用火的原始人類。

澜

梅里雪

怒江第一灣

怒

黎

江

保山市

南甸宣撫司署

德宏傣族景頗族自治州

騰沖熱海

莫里熱帶雨林

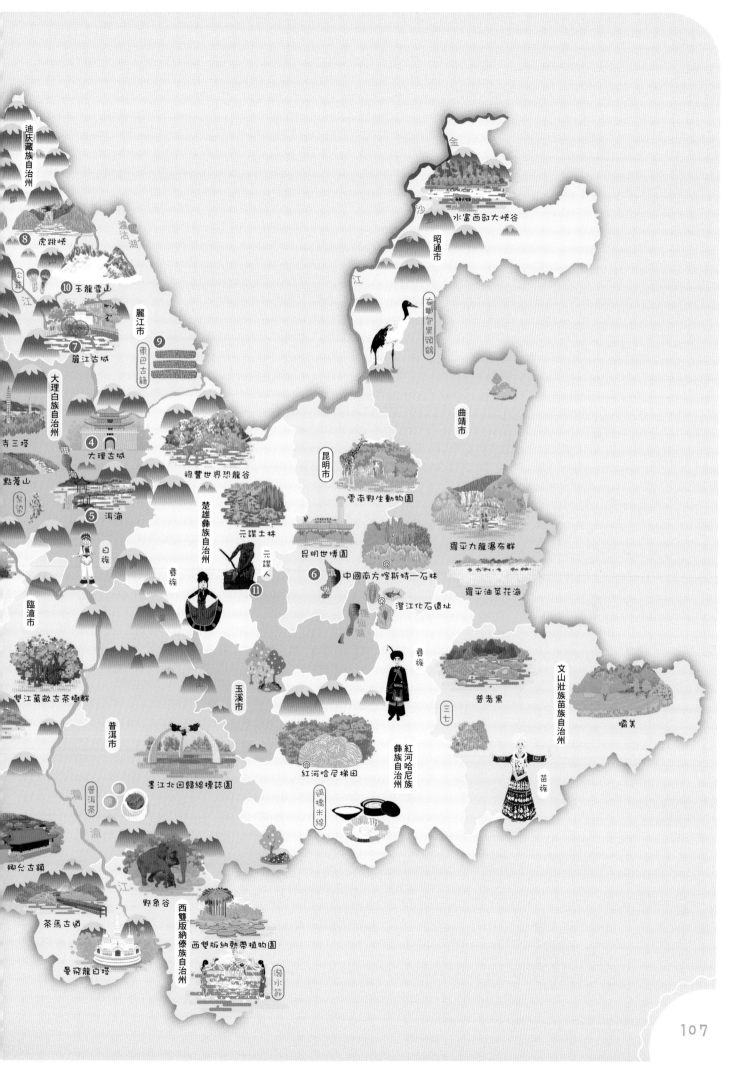

迪庆藏族自治州

⑧ 虎跳峽

瀘沽湖

公路

金江

⑩ 玉龍雪山

麗江市

⑦ 麗江古城

⑨ 東巴古籍

大理白族自治州

寺三塔

點蒼山

④ 大理古城

洱海

⑤ 洱海

白族

臨滄市

雙江萬畝古茶樹群

普洱市

普洱茶

瀾

娜允古鎮

茶馬古道

曼飛龍白塔

野象谷

西雙版納傣族自治州

西雙版納熱帶植物園

潑水節

金

沙

水富西部大峽谷

昭通市

江

大山包黑頸鶴

曲靖市

昆明市

雲南野生動物園

昆明世博園

羅平九龍瀑布群

⑥ 中國南方喀斯特一石林

澄江化石遺址

羅平油菜花海

祿豐世界恐龍谷

楚雄彝族自治州

彝族

元謀土林

元謀人

⑪

玉溪市

彝族

普者黑

三七

文山壯族苗族自治州

壩美

墨江北回歸線標誌園

紅河哈尼梯田

過橋米線

紅河哈尼族彝族自治州

苗族

西藏

地方概述

認識西藏

簡稱：藏　　　　　人口：310 萬人
首府：拉薩　　　　面積：約 123 萬平方公里
區花：龍膽、報春花
名片：世界屋脊、世界第三極、雪域高原
最高點：珠穆朗瑪峰，8844.43 米

西藏自治區位於青藏高原西南部，有「世界屋脊」之稱。西藏古稱「吐蕃」，是藏族文化的發祥地，也是藏族的主要聚居地。西藏地貌奇特，文化遺跡眾多，有世界最高峰——珠穆朗瑪峰和氣勢恢宏的布達拉宮。雄奇瑰麗的高原雪域風光，以及古老而絢麗多彩的文化，均向世人昭示着這片土地的獨特魅力。

納木錯

「錯」在藏語里是「湖」的意思。納木錯是世界上海拔最高的湖之一，也是中國第三大鹹水湖。位於藏北高原東南部。湖水主要靠冰雪融水和降水補給。這裏天藍、雲白、水綠、山青，景色秀麗。納木錯還是著名的牧區。

西藏「三大聖湖」

納木錯
羊卓雍錯
瑪旁雍錯

喜馬拉雅山脈

世界上最雄偉高大的山脈，位於青藏高原南部邊緣，由數條大致平行的支脈組成，東西綿延約 2400 公里，平均海拔高達 6000 米，有珠穆朗瑪峰等 40 座海拔 7000 米以上的高峰，山頂終年積雪，被譽為「冰雪之鄉」。

中國海拔 8000 米以上的山峰

珠穆朗瑪峰　世界第一高峰　8844.43 米

喬戈里峰　世界第二高峰　8611 米

洛子峰　世界第四高峰　8516 米

馬卡魯峰　世界第五高峰　8463 米

卓奧友峰　世界第六高峰　8201 米

加舒爾布魯木峰　世界第十一高峰　8068 米

布洛阿特峰　世界第十二高峰　8051 米

加舒爾布魯木峰　世界第十三高峰　8034 米

希夏邦馬峰　世界第十四高峰　8012 米

藏族

主要聚居於西藏、青海、四川等地，有自己的語言文字。藏族文化悠久燦爛，佛學經書等古典文獻卷帙浩繁。藏族繪畫藝術水平較高，章法嚴謹，結構完整，生動逼真。藏醫、藏藥、藏曆也有很高的成就。藏族人民能歌善舞，常見的舞蹈有鍋莊、弦子等。

藏族服飾
藏族傳統服飾為大領長神、肥腰束帶的長袍。藏族人民穿長靴，編髮，戴呢帽或皮帽，喜愛佩戴金銀珠玉飾品。

藏戲面具

藏戲
起源於藏族的宗教藝術，後來逐漸形成唱、誦、舞、表、白和技等相結合的表演。藏戲主要是戴面具表演，唱腔高亢雄渾。

西藏的野生動物

山峰聳峙、湖泊棋佈、河流縱橫的青藏高原，是野生動物棲居的樂園。野氂牛、藏羚羊、野驢、雪豹、盤羊等珍稀野生動物生活於此。

白唇鹿
中國特有，體形高大，通體被毛厚密，鼻端兩側、下唇為白色。

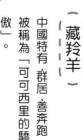

藏羚羊
中國特有，群居，善奔跑，被稱為「可可西里的驕傲」。

雪豹
瀕危的貓科動物，因其常在雪線附近和雪地間活動而得名。

野氂牛
家氂牛的野生同類，極耐寒。

特色美食

青稞酒

用青藏高原出產的一種主要糧食——青稞製成的酒。酒色澤橙黃，味道甜中帶酸，酒精成分低，口感佳。藏族人逢年過節、結婚、生孩子、迎送親友，都要喝青稞酒。

酥油茶

藏族的特色飲料。將酥油、食鹽和熬煮好的濃茶汁放入茶桶中，用木柄搗拌，使酥油與茶汁溶為一體，呈乳狀即成。多作為主食與糌粑一起食用，有禦寒、提神醒腦、生津止渴的作用。

西藏

知多點

❶ 岡仁波齊峰

岡底斯山脈主峰，海拔 6656 米。山峰四壁對稱，呈圓冠金字塔狀。峰頂終年被冰雪覆蓋，常常白雲繚繞。

❷ 古格王國遺址

位於阿里札達縣象泉河畔的古城。龐大的古建築群氣勢恢宏，巍峨壯觀。金碧輝煌的王宮，林立的廟宇、佛塔、碉樓，以及遍佈的窰洞、工事地道等，見證了古格王朝從 9 世紀至 17 世紀的繁榮昌盛。

❸ 哈達

蒙古族、藏族人民作為禮儀用的絲織品，表示敬意和祝賀，多為白色長條絲巾或紗巾，也有藍色、黃色等。

❹ 雪蓮花

因其頂形似蓮花而得名。生長在冰山雪原，能適應缺氧和極寒的環境。可作藥用，還有觀賞價值。

❺ 珠穆朗瑪峰

位於中國和尼泊爾兩國邊境線上，是喜馬拉雅山的主峰，海拔 8844.43 米，是世界海拔最高的山峰。山體呈巨型金字塔狀，巍峨宏大，氣勢磅礴。

❻ 羊八井地熱

世界上海拔最高的地熱發電站。擁有規模宏大的噴泉、溫泉、熱泉、熱水湖等地熱資源。融融熱流的羊八井蒸汽田在白雪皚皚的群山懷抱之中，構成了天然奇觀。

❼ 雪頓節

藏族人民的傳統節日，大都在藏曆二月初、四月中旬或六月中旬舉行。在藏語中，雪頓節的意思是「吃酸奶的節日」。因為雪頓節期間有隆重的藏戲演出和規模盛大的曬佛儀式，又稱「藏戲節」「曬佛節」。

❽ 雅魯藏布大峽谷

雅魯藏布江是中國最長的高原河流，也是西藏最大的河流。發源於喜馬拉雅山北麓，像一條銀色的巨龍奔流於青藏高原。雅魯藏布江最深處達 6009 米，是世界最深的峽谷。高峰和峽谷咫尺為鄰，反差強烈，沿線景色壯麗。

❾ 青藏鐵路

世界上海拔最高、線路最長的高原鐵路，被稱為「天路」。2006 年 7 月 1 日全線通車，改變了西藏不通火車的歷史。

布達拉宮歷史建築群

拉薩的布達拉宮及其周邊建築物的總稱，主要建築有布達拉宮、大昭寺、羅布林卡。1994 年被列為世界遺產。

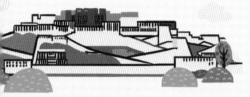

布達拉宮

吐蕃國王松贊干布為迎娶唐朝文成公主而興建。後成為歷代達賴喇嘛的冬宮。布達拉宮是世界上海拔最高的宏偉建築，集宮殿、城堡和寺院於一體。宮內珍藏著大量壁畫、雕塑、典籍等文物。第五套人民幣 50 元紙幣背面的圖案就是布達拉宮。

羅布林卡

歷代達賴喇嘛的夏宮，是西藏規模最大、風景最佳、古蹟最多的園林。

大昭寺

位於拉薩市中心，為紀念文成公主入藏而建。寺內保存大量文物，殿堂和迴廊間繪滿了壁畫。

《格薩爾王》史詩

格薩爾王是藏族英雄，一生戎馬，揚善抑惡。由藏族人民創作的偉大英雄史詩《格薩爾王》，內容豐富，氣勢磅礡，被譽為「東方的荷馬史詩」。

陝西

認識陝西

簡稱：陝、秦　　　　人口：3926 萬人

省會：西安　　　　　面積：約 21 萬平方公里

省花：百合花

名片：三秦大地、秦風漢韻、盛唐文化、帝王之都

最高點：秦嶺主峰太白山，3767 米

陝西之最

世界第八大奇跡：秦始皇兵馬俑

世界史上最大的國際大都會遺址：唐長安城遺址

世界保存最完整、規模最大的古城牆：明西安城牆

世界最大的佛塔地宮：法門寺地宮

世界最早的植物纖維紙：灞橋紙

世界最大的古象化石：旬邑黃河劍齒象化石

世界最大的「風積」高原：黃土高原

中國最早的石刻文字：石鼓文

中國歷史上最大的陵墓：秦始皇陵

　　陝西省地處中國西北，從北向南依次是黃土高原、關中平原、陝南山地。陝西是中華民族的發祥地之一，70 萬年前，藍田猿人在這裏生活。歷史上有十多個朝代在此建都。陝西山川靈秀，名勝古蹟眾多，有「天下第一險山」華山、驪山，秦始皇陵、兵馬俑，以及大雁塔、小雁塔、法門寺等。金絲猴、大熊貓、羚牛、朱鷺等珍稀動物棲居在這裏。栩栩如生的陝北剪紙、氣勢磅礴的安塞腰鼓、高亢豪放的秦腔體現了濃郁的西北風情。

西安古都

　　古稱「長安」，世界四大古都之一，中國七大古都之一，先後有十多個朝代在此建都，是中國歷史上建都朝代最多、建都時間最長、影響力最大的都城。唐長安城是當時世界上最大的都市，吸引了大批外國使節和朝拜者。

西安古城牆

中國現存規模最大、保存最完整的古代城垣建築。始建於明代，在唐代皇城牆基礎上修建而成。牆高 12 米，周長 13.74 公里，堅固穩重。

秦始皇陵和兵馬俑

　　秦始皇陵位於驪山北麓，是中國歷史上第一位皇帝嬴政的陵寢，也是世界上規模最大的地下皇陵。地宮是皇陵的核心部分，至今尚未挖掘。陵墓上的封土堆高 87 米，雄偉壯觀。

　　兵馬俑坑是秦始皇陵的陪葬坑，坑內的陶俑、陶馬，與真人、真馬大小相似，神態各異，栩栩如生，威嚴有序，被譽為「世界第八大奇跡」。

開羅·埃及
雅典·希臘
羅馬·意大利
西安·中國
世界四大古都

華山

五嶽中的西嶽，因五座山峰遠望如花而得名，以險峻奇絕聞名天下。華山自然奇景遍佈，名勝古蹟眾多。靈泉飛瀑、秀木奇石與廟宇宮觀交相輝映。有凌空架設的棧道，三面臨空的鷂子翻身，以及在峭壁絕崖上鑿出的千尺幢、百尺峽等險要處。據清代著名學者章太炎先生考證，「中華」「華夏」皆因華山而得名。

秦嶺

狹義的秦嶺，指陝西省南部、渭河與漢江之間的山地。廣義的秦嶺，是橫貫中國中部的東西走向山脈，其南北的氣候、農業生產有顯著的差異，被看作是中國「南方」和「北方」的地理分界線。秦嶺巍峨綿延，植被豐茂，許多珍貴的動植物棲息於此。

秦嶺四寶　大熊貓　金絲猴　朱鷺　羚牛

朱鷺

有鳥中「東方寶石」之稱。是瀕危的珍稀鳥類。羽毛潔白，頭冠呈鮮紅色，長嘴為黑色，雙腳細長。

羚牛

羚牛屬於牛科羊亞科，分類上近於寒帶羚羊，是世界上公認的珍貴動物之一，在中國被列為國家一級保護動物。羚牛體形粗壯、性情粗暴如牛，而頭小尾短以及叫聲又似羊，故名羚牛。

特色美食

陝西麵食

麵食是陝西飲食的代表，花樣繁多，數不勝數。肉夾饃、臊子麵、羊肉泡饃、油潑麵、蘸水麵、涼皮等麵食風味獨特。

肉夾饃

細看地圖 陝西

知多點

❶ 安塞腰鼓

陝西傳統的民俗舞蹈。表演人數由幾人到上千人不等，氣勢磅礡，震撼人心，被稱為「天下第一鼓」。

❷ 延安寶塔山

延安是紅色革命搖籃，黨中央和毛澤東等老一輩革命家在這裏領導了抗日戰爭、解放戰爭和大生產運動等，留下許多革命勝跡。寶塔山上的寶塔是延安的標誌，建於唐代，高44米。

❸ 南泥灣

延安精神的發源地之一。1941年八路軍在南泥灣開展了著名的大生產運動。自力更生、奮發圖強的精神傳揚至今。

❹ 倉頡造字

相傳倉頡是黃帝的史官，生有雙瞳四目，是他創造了漢字。鬼神得知倉頡創造了漢字後連夜哭泣，認為人類即將變得狡詐，故稱倉頡造字「驚天地，泣鬼神」。

❺ 司馬遷

西漢時期史學家、文學家。所著《史記》是中國第一部紀傳體通史。文學家魯迅稱《史記》是「史家之絕唱，無韻之離騷」。

❻ 法門寺

始建於東漢，是中國古代安置釋迦牟尼佛指骨舍利的寺院。有真身舍利塔、大雄寶殿、地宮等建築。地宮內金碧輝煌，珍藏着上千件法器寶物。

❼ 華清池

地處驪山腳下，以溫泉湯池著稱。因唐玄宗和楊貴妃的愛情故事而聲名遠播。

❽ 大雁塔

現存最早、規模最大的唐代四方樓閣式磚塔。相傳為保存唐代高僧玄奘從印度取回的經文而修建。

❾ 張騫

陝西漢中人，中國漢代傑出的外交家、旅行家，曾率100多人出使西域，打通了漢朝通往西域的南北通道，是絲綢之路的開拓者。

陝北窰洞

中國黃土高原上特有的民居形式，一般用石頭或磚頭砌成，因地制宜，鑿洞而居，冬暖夏涼。大的窰洞並列多間或上下多層。

來到了南泥灣
南泥灣好地方
……

的好江南，
主開滿山，
滿（呀）山……

二郎山

明長城

高家堡古城

紅石峽

榆林市

黃河

統萬城遺址

李自成行宮

靜子

瓦窯堡革命舊址

延川紅棗

延安市

安塞腰鼓

① 寶塔山 ②

黃米飯

花椒

河

③ 南泥灣革命舊址

壺口瀑布

黃帝陵

銅川市

照金革命根據地

倉頡廟 ④ ⑤ 司馬遷祠

彬縣大佛寺

咸陽市

渭南市

臨潼石榴

鳳翔彩塑

同公廟

乾陵

華山

鳳翔木版年畫

⑥ 法門寺

華清池 ⑦

秦始皇陵及兵馬俑坑

熊貓

西安古城

西安市

大白山

⑧ 大雁塔

絲綢之路（陝西段）

丹江漂流

張良廟

長青國家級自然保護區

天華山棧道

商洛市

鎮安大板栗

天竺山

張騫 ⑨

朱鷺

漢中市

安康市

肉夾饃

文峰塔

南宮山

藍田人

舊石器時代的早期人類，生活年代距今約 115 萬年前到 70 萬年前。能夠直立行走，並懂得製造石器，會使用火。

甘肅

認識甘肅

簡稱：甘、隴　　　　人口：2713 萬人
省會：蘭州　　　　　面積：約 43 萬平方公里
省花：鬱金香
名片：隴上江南、隴右糧倉、河岳根源、羲軒桑梓
最高點：阿爾金山，5798 米

甘肅之最

亞洲最大的軍馬場：山丹軍馬場
世界現存規模最大、內容最豐富的佛教聖地：莫高窟
中國最大的關隘：嘉峪關

　　甘肅位於中國西北部，青藏高原、內蒙古高原和黃土高原在境內交匯。這裏歷史悠久，是中華民族的發祥地之一，相傳華夏始祖伏羲氏誕生於此。著名的「河西走廊」是連通中國東西部的咽喉要道，還是古絲綢之路的黃金路段。張騫出使西域、唐玄奘西天取經、馬可波羅西行東往都是經由這裏。敦煌莫高窟、嘉峪關、玉門關、拉卜楞寺等名勝古蹟讓人流連忘返。

莫高窟

　　俗稱「千佛洞」，坐落在敦煌東南的鳴沙山上。始開鑿於十六國時期，經過近千年的興建，形成巨大的規模，現存七百多個洞窟、四萬多平方米壁畫、兩千多尊泥質彩塑，是世界上現存規模最大、內容最豐富的佛教藝術聖地。

河西走廊

　　甘肅西北部的狹長堆積平原。位於祁連山以北、合黎山以西，為兩山夾峙，又因地處黃河以西而得名。河西走廊是古代中國內地通往西域的要道，是佛教東傳的第一站、絲路西去的咽喉，自古以來就是富足之地、兵家必爭之地。

陽關、玉門關

河西走廊西端的重要關隘，均建於西漢時期。玉門關因西域輸入玉石時取道於此而得名；陽關因位於玉門關之南（古代山南水北為陽），故名。

嘉峪關

萬里長城的西端起點，地勢險要，建築雄偉，有「天下第一雄關」之稱。始建於明洪武五年（1372年），由內城、外城、羅城、甕城、南北兩翼長城組成，全長約60公里。是長城上最大的關隘，也是中國規模最大的關隘。嘉峪關還是古代絲綢之路的交通要塞，出關就是茫茫的沙漠戈壁。

涼州詞。唐代 王之渙
黃河遠上白雲間，
一片孤城萬仞山。
羌笛何須怨楊柳？
春風不度玉門關。

涼州詞。唐代 王翰
葡萄美酒夜光杯，
欲飲琵琶馬上催。
醉臥沙場君莫笑，
古來征戰幾人回。

渭城曲。唐代 王維
渭城朝雨浥輕塵，
客舍青青柳色新。
勸君更盡一杯酒，
西出陽關無故人。

鳴沙山——月牙泉

鳴沙山由黃沙積聚而成，風吹起時，沙山會發出響聲，因而得名。月牙泉處於鳴沙山環抱之中，形狀如同彎彎的月亮，是一個美麗的沙漠小湖。

鳴沙現象

一種奇特而又普遍的自然現象。因風吹震動，沙粒滑落或相互運動產生。沙子發出來聲音多種多樣，有的好像狗叫，有的像轟隆隆的雷聲。

特色美食

蘭州牛肉拉麵

蘭州的傳統名食，具有「一清、二白、三綠、四紅、五黃」的特徵，肉爛湯鮮、麵質精細，被譽為「中華第一麵」。

甘肅

始於古代中國，連接亞洲、歐洲和非洲的陸上商業貿易通道。因大量的絲綢經此道西運，所以被稱為「絲綢之路」。

知多點

❶ 酒泉衛星發射中心

中國創建最早、規模最大的綜合性導彈、衛星發射中心，也是目前國內唯一的載人航天飛船發射地。

❷ 張掖丹霞

造型奇特、色彩斑斕，山巒層理交錯，呈現出紅、黃、橙、綠、灰等顏色，如同一個彩色的童話世界。

❸ 山丹軍馬場

亞洲規模最大的軍馬場，位於祁連山北麓。馬場地勢平坦，水草豐茂，風光旖旎。

❹ 馬超龍雀

別稱「馬踏飛燕」「銅奔馬」，東漢青銅器。馬昂首嘶鳴，矯健俊美，是中國旅遊業的圖形標誌。

❺ 黃河石林

由於地殼運動、風化、雨蝕等地質作用，形成了造型千姿百態的石林地貌奇觀。石柱、石筍大多高達80至100米之間，是大自然鬼斧神工的傑作。

❻ 拉卜楞寺

藏傳佛教格魯派六大寺院之一，保留有全國最好的藏傳佛教教學體系，被譽為「世界藏學府」。

❼ 黃河首曲

黃河流經瑪曲大草原時，突然拐彎西流，形成了「天下黃河九曲十八灣」的首曲景觀。黃河首曲兩岸孕育了許多優質的灘地草原，其中最大的一塊生態濕地——甘南草原，是河曲馬、黑頸鶴、白天鵝、藏原羚等動物棲息的樂園。

❽ 崆峒山

取名自道家「空空洞洞，清靜自然」之意，有「中華道教第一山」之譽。屬於六盤山山脈，山下有涇河與胭脂河流經，山勢雄偉，蒼翠青秀，道觀禪院林立，崆峒武術天下聞名。

❾ 麥積山石窟

麥積山是典型的丹霞地貌，因形如麥垛而得名。麥積山石窟是中國四大石窟之一，始建於384至417年，現存100多個洞窟、7000多尊雕塑、1300餘平方米壁畫，以泥塑藝術見長，被譽為「東方雕塑館」。

河曲馬

絲綢之路（中國境內段）示意圖

伊寧　烏魯木齊

天　山

阿克蘇　庫車　庫爾勒　吐魯番　哈密

喀什

莎車　和田　且末　若羌　塔里木盆地

崑崙

玉門關　敦煌　嘉峪關

張掖

武威

柴達木盆地　祁連山

黃河

蘭州　西安

＠嘉峪關

酒泉衛星發射中心

酒泉市

嘉峪關市

祁連山

絲路（甘肅段）

② 張掖丹霞

馬蹄寺　張掖市

③ 山丹軍馬場

金昌市

驪軒古城

武威市

連古城

天梯山石窟

馬超龍雀

④

蘭州市　黃河

⑤ 黃河石林

法泉寺　白銀市

紅軍會寧會師舊址

周祖陵

慶陽市

黃河母親像

平涼市

威遠樓

⑧ 崆峒山　古靈台

白天鵝

黑頸鶴

炳靈寺石窟

臨夏回族自治州

定西市

天水市

⑨ 麥積山石窟

⑥ 拉卜楞寺

甘南藏族自治州

尕海一則岔

宮鵝溝

隴南市

⑦ 黃河首曲

黃河

119

青海

青海省位於青藏高原東北部，因境內有國內最大的內陸鹹水湖——青海湖而得名。境內峰巒疊嶂，雪山連綿，江河縱橫，湖泊眾多，是長江、黃河、瀾滄江的發源地，被譽為「江河源頭」。這裏有廣袤遼闊的天然草原，成群奔跑的藏羚羊，以及各種珍稀的野生植物。聞名中外的可可西里自然保護區是高原野生動物的樂園。青海還是世界上鹽湖最集中的地區，星羅棋佈的鹽湖構成了獨特的自然景觀。位於青海中西部的柴達木盆地有「聚寶盆」之稱，礦產資源極其豐富。

認識青海

簡稱：青　　　　　　人口：566 萬人
省會：西寧　　　　　面積：約 72 萬平方公里
省花：鬱金香
名片：中華水塔、天河鎖鑰、江河源頭
最高點：崑崙山，布喀達阪峰 6860 米

青海之最

世界海拔最高的公路：青藏公路
世界海拔最高、線路最長的高原鐵路：青藏鐵路
中國最大內陸鹹水湖：青海湖
中國海拔最高的盆地：柴達木盆地
中國聚集鳥類最多的島嶼：青海湖鳥島

青海湖

古稱「西海」，中國最大的內陸湖、鹹水湖。水源來自四周高山冰雪融水。湖水澄碧，湛藍靜謐。湖中有鳥島、海心山、沙島等島嶼。湖濱開闊，是水草豐美的天然牧場。一年四季，景色綺麗多變。

鳥島

青海湖中的島嶼，是群鳥棲息之地。每年夏天，數以十萬計的候鳥來此築巢。各種水禽飛鳥，或在天空翱翔，或在湖面嬉戲，鳴聲如雷，成為青海湖的一大奇觀。

環湖賽

即環青海湖國際公路自行車賽，是世界上海拔最高的國際公路自行車賽。以碧波浩瀚、鳥翼如雲的青海湖為中心，比賽精彩，觀賞度高。

三江源國家公園

三江源位於青藏高原腹地，是長江、黃河、瀾滄江的發源地，有「中華水塔」之稱。三江源國家公園是中國首個國家公園，由長江源（可可西里）、黃河源、瀾滄江源三個園區構成。區域內有著名的崑崙山、巴顏喀拉山、唐古拉山等山脈，逶迤縱橫，冰川聳立。這裏雪原廣袤，河流、沼澤與湖泊眾多，是高原生靈的樂園。

- 中國面積最大的自然保護區
- 中國海拔最高的天然濕地
- 世界高海拔地區生物多樣性最集中的地區

來自三江源區水量所佔的百分比 　　世界長河排名

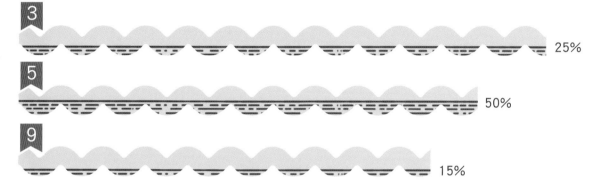

長江
6280 公里
3　25%

黃河
5464 公里
5　50%

瀾滄江
4909 公里
9　15%

可可西里

位於青藏高原，氣候乾燥、寒冷，缺少淡水，山地植物稀疏，不適合人類長期居住，卻是野生動物的樂園。這裏有雪豹、藏羚羊、犛牛、藏野驢、白唇鹿等珍稀野生動物。

藏羚羊

犛牛

青海

知多點

❶ 崑崙山

中國西部山系的主幹，西起帕米爾高原，橫貫新疆、西藏，延伸至青海境內，全長約 2500 公里。山脈連綿，雪山聳立，生活着許多高原野生動植物。崑崙山還是古代傳説中的神山，為「萬山之祖」。相傳西王母居住在崑崙山的瑤池，園中種有蟠桃，食之可長生不老。

❷ 唐古拉山

在蒙古語中意為「雄鷹飛不過去的高山」，是青海和西藏的界山。因山上終年風雪交加，被稱為「風雪倉庫」。青藏公路、鐵路經過這裏。唐古拉山的主峰各拉丹冬是長江正源沱沱河的發源地。

❸ 冬蟲夏草

傳統名貴中藥材。一種真菌與蝙蝠蛾幼蟲在特殊條件下形成的菌蟲結合體。形狀奇特，冬天是蟲，夏天從蟲里長出草來。

❹ 唐蕃古道

唐代和吐蕃之間的交通大道，是唐代以來中原內地去往青海、西藏，乃至尼泊爾、印度等國的必經之路。唐代文成公主遠嫁吐蕃王松贊干布走的就是這條大道。起自陝西西安，途經甘肅、青海，至西藏拉薩，全長 3000 多公里。

❺ 鍋莊舞

藏族三大民間舞蹈之一。男女拉手成圈，揮舞衣袖載歌載舞，熱烈奔放。

❻ 察爾汗鹽湖

中國最大的天然鹽湖、鉀鹽生產基地，礦產資源豐富。孕育了晶瑩如玉、變化萬千的鹽花奇觀。

❼ 茶卡鹽湖

柴達木盆地有名的天然結晶鹽湖，湖面空曠、平坦，形成水天一色的壯美景觀，被譽為「天空之鏡」。鹽湖盛產大青鹽，鹽粒晶大質純，鹽味醇香。

❽ 門源油菜花

門源縣是北方小油菜的發源地，也是全國乃至全世界最大的小油菜種植區。每年 7 月份，漫山遍野的油菜花盛開，綿延數十公里，非常壯觀。

❾ 土族

中國人口比較少的民族之一，主要聚居在青海互助土族自治縣。其傳統服飾色彩鮮豔，式樣別緻，具有濃郁的民族特色。

❶

可可西里

（格爾木市代管）

❷

各拉丹

長江源生態環境碑

拉

⑩ 塔爾寺

藏傳佛教格魯派六大寺院之一，格魯派創始人宗喀巴的誕生地。寺院建築集漢、藏風格為一體，規模宏大，輝煌壯麗。酥油花、壁畫和堆繡被譽為「塔爾寺三絕」。

酥油花

一種油塑藝術品。以鬆軟的酥油做原料，糅合多種礦物顏料，塑造出佛像、人物、亭台樓閣、飛禽走獸、花卉樹木，造型豐富多姿，栩栩如生。

南八仙雅丹地貌　大柴旦雪山溫泉
雪蓮花
萬丈鹽橋
⑥ 察爾汗鹽湖
海西蒙古族藏族自治州
藏戲
海北藏族自治州
門源油菜花海 ⑧
環湖賽
青海湖鳥島　青海湖
⑨ 海東市　土族
西寧市
撒拉族婚禮
王母瑤池
格爾木胡楊林
青藏鐵路
⑦ 茶卡鹽湖
青稞酒
黃
⑩ 塔爾寺
瞿曇寺
崑崙山口　玉珠峰
⑤ 鍋莊舞
香日德寺
海南藏族自治州
阿什貢七彩峰叢
黃南藏族自治州
隆務寺
熱貢藝術
玉樹藏族自治州
通天河
犛牛
牛頭碑
阿尼瑪卿雪山
黃河
③ 冬蟲夏草
黑頸鶴
⑪
三江源國家公園
果洛藏族自治州
拉加寺
年保玉則峰
④ 唐蕃古道
文成公主廟
勒巴溝巖畫
尕爾寺　通天河

⑪ 黑頸鶴

除眼下有一小塊白色斑外，頭的其餘部分和頸的上部為黑色，故稱黑頸鶴。黑頸鶴主要棲息於海拔2500至5000米的高原、沼澤、草甸，是世界上唯一生長、繁殖在高原的鶴。黑頸鶴的飛行高度可達10000米，能飛越珠穆朗瑪峰。每年9月，黑頸鶴成群結隊，排成「一」「V」「人」字形的隊伍，飛越崇山峻嶺，到氣候溫和的地方越冬。

寧夏

認識寧夏

簡稱：寧　　　　　人口：659 萬人
省府：銀川　　　　面積：約 6.6 萬平方公里
區花：馬蘭花　　　名片：塞上江南、塞上明珠
最高點：賀蘭山主峰敖包圪，3556 米

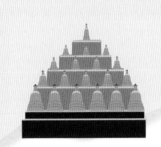

寧夏回族自治區地處西北地區東部，黃河中上游。這裏是西夏王朝的古都，巍峨的賀蘭山下，留下了西夏王陵滄桑的背影；還是塞北明珠，塞上江南，有着「大漠孤煙直，長河落日圓」的雄渾氣魄。秦漢時引黃灌溉，使銀川平原成為魚米之鄉，享有「天下黃河富寧夏」的美名。寧夏還是著名的回族之鄉，有着獨特濃郁的民族風情。

回族

中國是一個多民族聚集的國家，寧夏是回族的主要聚居地。多數回族信仰伊斯蘭教，在飲食習慣、服裝服飾、節日等習俗上都有着濃郁的民族特色。

回族服飾

男子喜愛戴白色或黑色無簷帽。婦女戴蓋頭，一般老年婦女戴白蓋頭，中年婦女戴黑蓋頭，青年女子或未婚女孩則戴綠蓋頭。

沙坡頭

北接騰格里沙漠，南靠黃河，沙丘呈新月形，高近 100 米。人們在此可以滑沙，騎駱駝漫遊沙海，還可以乘坐羊皮筏子在滔滔奔騰的黃河上漂流。

羊皮筏子

一種古老的水運工具。由數個充滿氣的羊皮袋紮成，輕捷便利，容易搬運，操縱靈活，在湍急的黃河中能夠自由划行。

六盤山

古稱「隴山」，是渭河與涇河的分水嶺。因地勢險要，歷來是兵家必爭之地。也是黃土高原上少有的富有江南水鄉風韻的地區，有「高原綠島」之稱。

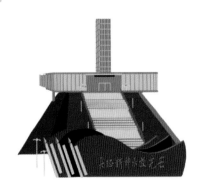

❶ 西夏王陵

位於賀蘭山東麓，是西夏王朝歷代帝王的陵墓。由 9 座王陵和 200 多座陪葬墓組成，金字塔形的土色陵台雄偉壯觀，被譽為「東方金字塔」。

❷ 寧夏三寶

枸杞、賀蘭石、灘羊皮是寧夏的著名特產，因顏色分別為紅、藍、白，而被人們稱為「寧夏三寶」。

❸ 賀蘭山

位於寧夏和內蒙古的交界處，峰巒疊嶂，巍峨壯觀，文物古蹟豐富。在這裏發現了大量從春秋戰國時期到西夏時期的巖畫。

❹ 須彌山石窟

位於林木繁茂、風景秀麗的須彌山北麓，是絲綢之路上著名的佛教石窟寺。最早開鑿於北魏時期，經過北周、隋、唐等朝代相繼造像，至今保存比較完整的有20多個石窟和大量造像。

石嘴山市

北武當廟

蘇峪口

❸ 賀蘭山巖畫

❶ 西夏王陵

黃

銀川市

❷ 枸杞

哈巴湖

吳忠市

青銅峽108塔

手抓羊肉

鳴沙州塔

韋州古城

清蒸鴿子魚

河

沙坡頭

中衛市

羅山

❷ 灘羊

西安州古城

❹ 須彌山石窟

秦長城

火石寨

固原市

無量山石窟

六盤山

地方概述 新疆

認識新疆

簡稱：新　　　　　人口：2226 萬人

首府：烏魯木齊　　面積：166 萬平方公里

區花：雪蓮花

名片：瓜果之鄉、歌舞之鄉、棉花之鄉、玉石之鄉

最高點：喬戈里峰，8611 米

新疆之最

中國最大的沙漠：塔克拉瑪干沙漠

中國最大的盆地：塔里木盆地

中國最長的內陸河：塔里木河

中國陸地最低點：艾丁湖，-154.31 米

　　新疆維吾爾自治區是中國面積最大的省區，素有「瓜果之鄉」和「歌舞之鄉」的美稱。這裏自然景觀奇特，文物古蹟豐富，民族風情絢麗多彩。「三山夾兩盆」的地勢複雜多變，浩瀚的戈壁，遼闊的草原，雄奇的冰山，古絲綢之路上的悠揚駝鈴聲，沙漠中的古城殘垣和烽燧廢墟，以及綠洲深處少數民族的歌聲舞影，無不向世人展示着新疆的獨特魅力。

歌舞之鄉

　　新疆自古就有「歌舞之鄉」的美稱。居住在這裏的維吾爾族、哈薩克族、回族、柯爾克孜族、蒙古族等民族都能歌善舞。動聽的音樂，優美的舞蹈，反映了少數民族的獨特風情。

冬不拉

哈薩克族的傳統彈撥樂器，音色優美，表現力豐富。能形象地表現出駿馬奔馳、羊群歡騰、清脆的鳥鳴以及涼涼的流水等。

天山

　　橫貫新疆中部，綿延中國境內約 1760 公里，把新疆大致分成兩部分，南邊是塔里木盆地，北邊是准噶爾盆地。托木爾峰是天山山脈的最高峰，海拔 7443.8 米。

天山天池

位於天山第二高峰博格達峰的高山湖泊。古稱「瑤池」，湖面呈半月形，湖水清澈，晶瑩如玉，四面雪山環抱，湖畔綠草如茵，有「天山明珠」的盛譽。盛夏的天池是避暑勝地。

塔克拉瑪干沙漠

沙漠東西長約 1000 公里，南北寬約 400 公里，是世界第十大沙漠、中國最大的沙漠，別稱「死亡之海」。沙漠中的沙丘綿延不斷，形狀變幻莫測。白日的沙漠上赤日炎炎，銀沙刺眼，蒸發旺盛，沙漠旅人常會看到遠方出現「海市蜃樓」的奇特現象。

海市蜃樓

一種光學現象。地球上物體反射的光經大氣折射而形成的虛像。在沙漠、戈壁、雪原，或是平靜的海面、江面、湖面等地，偶爾出現的樹木、樓台、城郭等幻景。

水果之鄉

新疆緯度高、海拔高，所以日照時間長，晝夜溫差大，許多地區都盛產美味可口的瓜果。其中，吐魯番出產的葡萄在國際市場上享有「中國綠珍珠」的美譽，最適宜製成葡萄乾。

吐魯番的葡萄，
哈密的瓜，
庫爾勒的香梨人人誇，
葉城的石榴頂呱呱。

葡萄溝

火焰山西端有一條長約 8 公里的溝谷，溝內有 6000 多畝葡萄園，每當夏末秋初，葡萄溝裏的葡萄似遮天綠雲，果實纍纍。

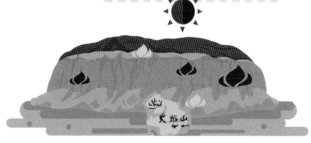

細看地圖 新疆

知多點

❶ 帕米爾高原

古代稱「蔥嶺」，古絲綢之路在此經過。「帕米爾」是塔吉克語「世界屋脊」的意思，平均海拔 4000 米至 7700 米，是亞洲多個主要山脈的匯集處。

❷ 尼雅遺址

位於塔克拉瑪干沙漠腹地，地處古絲綢之路的交通要道，是漢代精絕國故地。規模宏大的佛塔、寺院、墓地等遺址，以及珍貴的文物，見證了古絲綢之路文明的興衰，有一種「沙埋古代文明」的浪漫歷史美感。

❸ 博斯騰湖

內陸淡水吞吐湖指的是深居於內陸，或位於高山之中的湖泊，有河流流入湖內，也有河流流出湖外，湖水所含鹽分較少。博斯騰湖是中國最大的內陸淡水吞吐湖，水域寬廣，蘆葦叢生，禽鳴魚躍，一派生機勃勃的景象。

❹ 喀納斯湖

坐落在阿爾泰深山密林中的高山湖泊，是中國最深的冰磧堰塞湖。湖面碧波萬頃，隨着季節、天氣的變化而變換顏色，湖光山色美不勝收。還有枯木長堤、雲海佛光、喀納斯湖怪等奇觀。

❺ 國際大巴扎

「巴扎」就是集市的意思，遍佈新疆城鄉。新疆國際大巴扎是國內最大的巴扎，外形像一座古堡，是烏魯木齊的標誌性建築。逛巴扎，可以購買當地特產，體驗民族風情。

❻ 樓蘭古城

位於羅布泊西部，古代絲綢之路的必經之地。唐代樓蘭古城有 800 多年的歷史，現存的佛塔、院落等遺址及文物，見證了昔日繁華，被稱為「沙漠中的龐貝」。

❼ 火焰山

山體呈褐色、深紅色，佈滿褶皺，如同跳動的火焰。夏季，熱浪滾滾，地表溫度可達 80℃。在古典名著《西遊記》里，這座火焰山熊熊燃燒，擋住了唐僧師徒西天取經去路。

❽ 羅布泊

2000 多年前，羅布泊還是一片水草豐美之地，後來由於氣候變遷和人類破壞，今天已經成為一片荒無人煙的死亡之海。

❾ 鳴沙山

高約百米，沙丘陡峭，四周是廣袤豐美的草原，遠望沙山如同一座金色的小島。風動沙移，沙鳴聲如蕭如笛，淒婉低回。

坎兒井

由明渠、暗渠、豎井和澇壩組成，水分不因炎熱、狂風而大量蒸發，且流量穩定，把地下水引到地面灌溉農田，為荒漠地區解決了自然灌溉的難題。

坎兒井結構示意圖

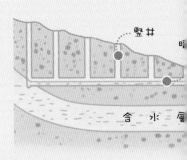

豎井 暗渠
含水層

克孜勒蘇柯爾克孜自治州

香妃墓

❶ 帕米爾高原

金湖楊

④ 喀納斯湖

白哈巴

禾木蜂蜜

可可托海

阿勒泰大尾羊

阿勒泰地區

自

治

州

牛奶

手抓飯

向日葵

塔城地區

克拉瑪依市

克拉瑪依油田

博爾塔拉蒙古自治州

艾比湖

巴旦木

賽里木湖

伊

隆

昌吉回族自治州

巴里坤草原

天山天池

⑨ 鳴沙山

哈密瓜

天

山

烏魯木齊市

⑤ 國際大巴扎

天山大峽谷

天山廟

哈密市

葡萄溝

⑦ 火焰山

葡萄

庫爾勒香梨

博斯騰湖草魚

艾丁湖
-154.31

高昌古城

克孜爾千佛洞

③ 博斯騰湖

坎兒井

吐魯番市

阿克蘇地區

庫車大寺

塔

里

木

河

西瓜

羊肉串

（自治區直轄）

胡楊林

巴音郭楞蒙古自治州

⑥ 樓蘭古城

⑧ 羅布泊

維吾爾族歌舞

和田地區

塔克拉瑪干沙漠

阿爾金山

桑株巖畫

和田玉

且末古城

阿

米蘭古城

普魯火山

中崑崙野生動物園

② 尼雅遺址

香港

認識香港

簡稱：港　　　　　人口：718.8 萬人

面積：約 1104 平方公里

名片：東方之珠、旅遊購物天堂

最高點：大帽山，957 米

　　香港特別行政區地處中國華南沿海，位於廣東省珠江口以東。全區由香港島、九龍半島、新界及大嶼山等大小離島組成。早在宋代，當地居民以種植沉香為業，用船運送到各地銷售，由此得名「香港」。香港是全球第三大金融中心，是世界著名的自由貿易港和國際航運中心，維多利亞港是世界三大優良天然港口之一。香港市區大廈如林，酒樓櫛比，東西方文化兼蓄，被稱為「東方之珠」「旅遊購物天堂」。

香港歷史

香港自古以來就是中國的領土。1842 年、1860 年、1898 年，香港島、九龍半島南部地區、新界地區先後被英國佔據。1997 年 7 月 1 日，中國政府正式恢復對香港行使主權，並成立香港特別行政區。

香港區旗、區徽的圖案是配有五星花蕊的紫荊花。

❶ 香港會展中心

　　位於灣仔海旁，是世界最大的展覽館之一。1997 年 7 月 1 日香港回歸慶典就在這裏舉行。獨特的飛鳥展翅式形態，也給美麗的維多利亞港增添了不少色彩。

❷ 南丫島

　　因島形如「丫」而得名。香港第三大島，以美味的海鮮、浪漫的海島風情和遠離都市喧囂的恬靜而著稱。

港珠澳大橋

　　是連接香港、珠海、澳門的超大型跨海通道，全長 55 公里。其中主體工程「海中橋隧」長 35.578 公里，海底隧道長約 6.75 公里，是世界最長的跨海大橋。

賽馬

　　賽馬是香港非常受民眾歡迎的娛樂運動，沙田馬場是世界頂級賽馬場之一。每年 9 月至翌年 6、7 月初都會舉辦賽馬活動。

珠
江
口

深
圳
灣

大
鵬
灣

東
平
洲

松嶺鄧公祠

八仙嶺　船灣郊野公園

雞蛋仔

聚星樓

新
界

香港回歸紀念塔

西貢西郊野公園

萬
宜
水
庫

菠蘿包

青馬大橋

大帽山

沙田馬場

九
龍

星
光
大
道

李
小
龍
像

尖沙咀鐘樓

香港國際機場

香港迪士尼樂園

大　嶼　山

香
港

維
多
利
亞
港

伶
仃
洋

金紫荊廣場　香港會展中心

①

果洲群島

香港島

天壇大佛

西
博
寮
海
峽

海洋公園

淺
水
灣

美利樓

蒲台群島

螃蟹

南
丫
島

南丫島

索罟群島

小龍蝦

②南丫島

南

海

烏賊

海螺

扇貝

金槍魚

地方概述 澳門

簡稱：澳　　　　人口：59.2 萬人

面積：約 29.2 平方公里

名片：賭城、東方的拉斯維加斯

最高點：疊石塘山，172 米

　　澳門特別行政區位於東南沿海，地處珠江三角洲的西岸。由澳門半島、氹仔島和路環島組成。澳門是一個國際自由港，是世界人口密度最高的地區之一，也是世界四大賭城之一。中西方文化的交融使澳門成為一個風貌獨特的城市，留下了大量珍貴的歷史文化遺存。大三巴牌坊、媽閣廟、普濟禪院等古蹟引人入勝。澳門風味美食讓人流連忘返。

澳門歷史

澳門自古以來就是中國的領土。16世紀中葉被葡萄牙人佔據。1999年 12 月 20 日，中國政府正式恢復對澳門行使主權，並成立澳門特別行政區。

澳門區旗、區徽的圖案由五星、蓮花、大橋、海水組成，其中蓮花是澳門居民喜愛的花卉，三個花瓣表示澳門由三部分組成。

❶ 大炮台

　　又稱「聖保羅炮台」，位於澳門半島的柿山頂上，始建於 1616 年，最初是為了防禦海盜，保護居民安全而建造的。炮台城堡裏面有一座南歐式建築，原為兵營，現為氣象台。

❷ 澳氹大橋

　　全長約 2500 米，橫跨澳門半島與氹仔島之間的海面，氣勢宏偉，形如長虹臥波。夜晚橋上霓虹閃耀，非常美麗。

❸ 大三巴牌坊

　　「大三巴」是葡萄牙語的音譯，是聖保羅教堂的前壁遺址。其形狀與中國傳統牌坊相似，雕刻精細，巍峨壯觀。作為澳門的象徵之一，許多節日慶典等重大活動都在這裏舉行。

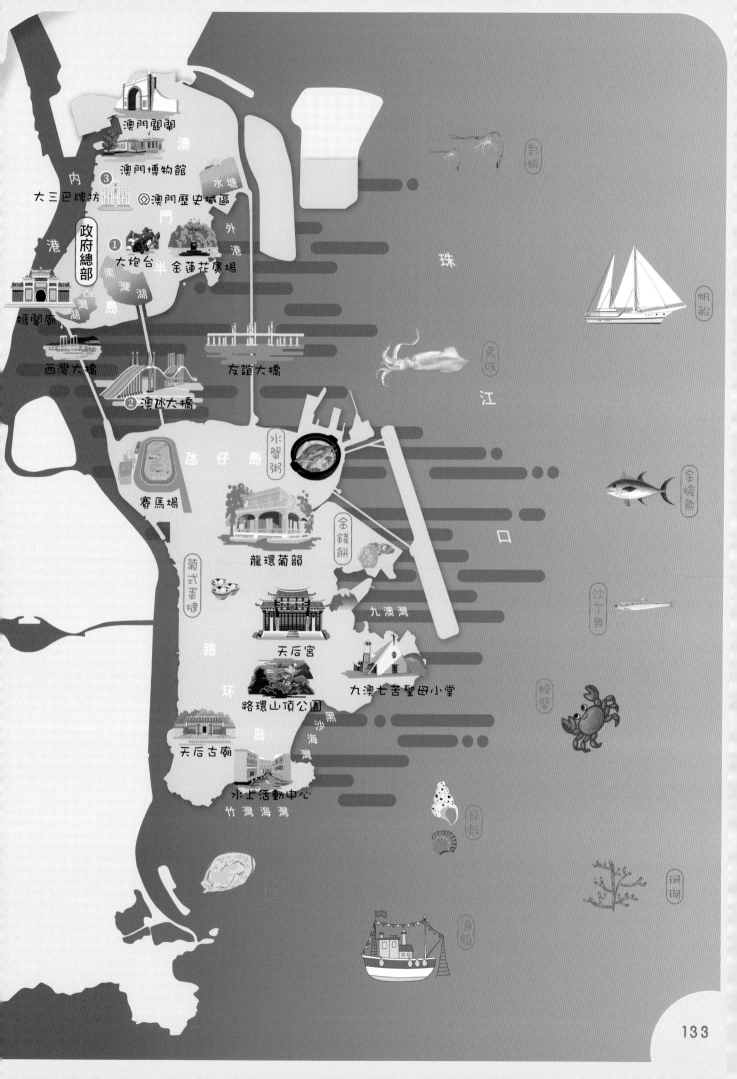

澳門關閘

澳門博物館

③ 澳門歷史城區

大三巴牌坊

政府總部

① 大炮台半 金蓮花廣場

媽閣廟

西灣大橋

② 澳氹大橋

友誼大橋

水蟹粥

賽馬場

氹仔島

龍環葡韻

金錢餅

葡式蛋撻

路環島

九澳灣

天后宮

九澳七苦聖母小堂

路環山頂公園

天后古廟

水上活動中心
竹灣海灣

內 港

南 灣 湖

西灣湖

澳 門

水塘

外 港

珠 江 口

黑沙海灣

對蝦

帆船

皇賊

金槍魚

沙丁魚

蟳蠣

貝殼

珊瑚

漁船

台灣

認識台灣

簡稱：台　　　　　人口：2378 萬人

省會：台北

名片：美麗寶島、森林寶庫、蝴蝶王國、珊瑚王國、蘭花之島、溫泉之島

最高點：玉山，3952 米

　　台灣省位於中國東南海域，包括台灣島、澎湖列島、蘭島、釣魚島、赤尾嶼及其他附屬島嶼。居民主要為漢族和高山族。台灣是美麗富饒的寶島，氣候濕潤，物產豐富，有「森林寶庫」之稱。旅遊資源十分豐富，清代即有「八景十二勝」之說，玉山、阿里山、日月潭風光獨特，讓人流連忘返。

❶ 高山族

　　主要居住在台灣的少數民族，經濟以農業為主，漁獵生產為輔。手工工藝有紡織、竹編、雕刻和製陶等。每逢喜慶節日，高山族人民都會身着盛裝，唱起民歌，跳起歡快的舞蹈。

❷ 台北故宮博物院

　　中國宮殿式建築，樓高四層，白牆綠瓦。院內收藏了許多珍貴的文物，翠玉白菜、東坡肉形石和毛公鼎是三大鎮館之寶。

❸ 日月潭

　　台灣省最大的天然湖泊，湖中有一座小島，將湖面分為兩部分，北半湖的形狀像圓圓的太陽，南半湖的形狀像彎彎的月亮，由此得名。

❹ 阿里山

　　由 18 座高山組成，群峰環繞、山巒疊翠、巨木參天。以日出、雲海、晚霞、森林與高山鐵路聞名。不僅有豐富珍貴的自然資源，還保留着邵族 200 多年的人文資源。

東　海　彭佳嶼

棉花嶼

花瓶嶼

台灣

② 台北故宮博物院　台北市　台北101大樓

珊瑚

龍山寺　桃園市　新北市　中山紀念堂　龜山島

釋迦果

新竹米粉

蓮霧

台中市

台中孔廟　大雪山森林遊樂區　七星潭海堤

海星

海峽

金槍魚

③ 日月潭

彰化八卦山

凍頂烏龍

④ 阿里山

里

天

漁翁島

澎湖島

澎湖列島

望安島

（八罩島）

七美嶼

（大嶼）

鳳梨

沙丁魚

台南孔廟　台南市　高雄市

鄭成功廟

鳳梨酥

三仙台

綠島

（火燒島）

珊瑚

高雄85大樓　① 高山族

章魚

南

海

琉球嶼

魚島、赤尾嶼及其附屬島嶼　黃尾嶼

赤尾嶼

釣魚島

墾丁海水浴場

蘭嶼

小蘭嶼

洋

台灣島

鵝鑾鼻燈塔

七星岩

渤海 黃海 東海

中國近海

　　中國所臨的海域從北往南依次是渤海、黃海、東海、南海四大邊緣海，以及台灣以東的太平洋海域，這些海區統稱中國近海。中國的近海位於北太平洋的西部邊緣，總面積 470 多萬平方公里。從北部的鴨綠江口，到南端的北侖河口，18000 多公里的大陸岸線蜿蜒曲折，6500 多個島嶼星羅棋佈。在這片遼闊的蔚藍色海域，蘊藏着極其豐富的自然資源。

東海

　　因水溫較高、鹽度較大，海水呈藍色，是一個比較開闊的邊緣海。中國沿海島嶼中一半以上分佈於此，港灣眾多。石油、漁業資源極其豐富，舟山群島附近的漁場被稱為中國海洋魚類的寶庫。

面積：約 77 萬平方公里
海水深度：平均約 370 米
氣候：終年高溫高濕，長夏無冬

黃海

　　因海水呈黃色而得名。黃海是半封閉淺海，作為中國華北的海防前哨，是華北一帶的海路要道。黃海蘊藏着豐富的石油和天然氣，因寒暖流交匯，漁業資源也很豐富。

面積：約 38 萬平方公里
海水深度：平均約 44 米
氣候：冬季寒冷而乾燥，夏季溫暖濕潤

渤海

　　古稱「滄海」，因地處北方，又稱「北海」。渤海三面環陸，是中國最淺的半封閉性內海。渤海是天然漁場，盛產對蝦、蟹和黃花魚等。還是中國最大的鹽業生產基地。

面積：約 7.7 萬平方公里
海水深度：平均約 18 米
氣候：夏無酷暑，冬無嚴寒

營口港

長蘆鹽場

遼東灣

渤

唐山港

天津港

渤海灣

老鐵山島

長山群島

渤　海　峽

大連港

蓬萊角

萊州灣

渤海與黃海的分界線

山東半島北端蓬萊角至遼東半島南端老鐵山角的連線

青島港

黃

日照港

海州灣

海

淮北鹽場

濟州島

蘇州港

啟東角

黃海與東海的分界線

長江口以北江蘇省啟東市的啟東角與韓國濟州島西南角的連線

烏賊

上海港

杭州灣

舟山港

舟山群島

東　海

赤尾嶼

釣魚島

台

灣

海

布袋鹽場

澎湖列島

峽

台灣島

東海與南海的分界線

廣東南澳島與台灣島南端的鵝鑾鼻的連線

南澳島

鵝鑾鼻

東沙群島

南　海

南海

認識南海

面積：約 350 萬平方千米

海水深度：平均約 1212 米，最大深度 5559 米

氣候：屬赤道帶、熱帶海洋性季風氣候，終年高溫

南海是世界第三大陸緣海，也是中國面積最大、水最深的近海。整個南海幾乎被大陸、半島和島嶼所包圍。南海是個豐饒的漁場，盛產海龜、海參、牡蠣、金槍魚、大龍蝦、墨魚等。

南海諸島

包括東沙群島、西沙群島、中沙群島、南沙群島和黃巖島等島嶼和巖礁。在古代即為中國人所開發和利用，是中國領土不可分割的一部分。

南沙群島是南海中面積最大、島礁最多的群島；南沙群島的曾母暗沙是中國最南端的國土

海洋的基本概念

領海

指沿海國領土的一部分，屬於沿海國的主權範圍。

毗連區

指鄰接沿海國領海的海域，其寬度從領海基線算起，不超過 24 海里。

大陸架

又叫「陸棚」或「大陸淺灘」，指環繞大陸的淺海地帶，是大陸向海洋的自然延伸，通常被認為是陸地的一部分。

專屬經濟區

指領海以外並鄰接領海劃定的一個區域，其寬度從領海基線算起，不超過 200 海里。

國家管轄海域空間結構示意圖

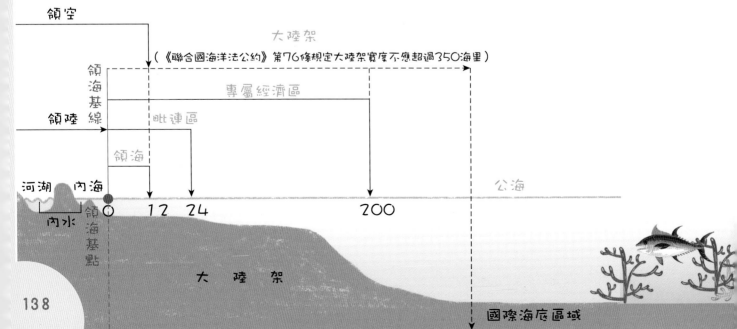